依据全国会计从业资格无纸化考试最新大纲编写

U0681452

会计电算化
核心考点全攻略

会计从业资格考试命题研究组　编

经济管理出版社
ECONOMY & MANAGEMENT PUBLISHING HOUSE

图书在版编目（CIP）数据

会计电算化核心考点全攻略/会计从业资格考试命题研究组编 . —北京：经济管理出版社，2016.3
ISBN 978 - 7 - 5096 - 4240 - 5

Ⅰ.①会…　Ⅱ.①会…　Ⅲ.①会计电算化—资格考试—自学参考资料　Ⅳ.①F232

中国版本图书馆 CIP 数据核字（2016）第 022557 号

组稿编辑：杜　菲
责任编辑：杜　菲
责任印制：司东翔
责任校对：车立佳

出版发行：经济管理出版社
　　　　　（北京市海淀区北蜂窝 8 号中雅大厦 A 座 11 层　　100038）
网　　　址：www. E - mp. com. cn
电　　　话：（010）51915602
印　　　刷：三河市延风印装有限公司
经　　　销：新华书店
开　　　本：720mm×1000mm/16
印　　　张：10. 5
字　　　数：265 千字
版　　　次：2016 年 3 月第 1 版　　　2016 年 3 月第 1 次印刷
书　　　号：ISBN 978 - 7 - 5096 - 4240 - 5
定　　　价：39. 80 元

前　言

本书编写的初衷是让考生迅速地明确考点并加以记忆，轻松应对会计从业资格考试。一些考生自己看教材，把握不准考点，书上画得黄的绿的什么都有，可什么也记不住。其实会计从业资格考试是有一定的命题规律可循的。从历年的会计从业资格考试来看，考的都是基本的知识，难度并不大。只要考生把握核心考点，就能轻松应对考试。

本套辅导教材主要特点如下：

一、章节总结

本书编者对考试大纲进行了深入细致的研究，大纲中的考点在书中均得到充分体现。在每一章的开头，我们都会描述此章节考点分布情况，帮助考生明确章节重点，从而合理地分配时间。

二、重点突出

本书通过考试大纲重点分布告诉考生哪些知识点是要求"了解"的，哪些知识点是要求"熟悉"的，哪些知识点是要求"掌握"的，这样可以帮助考生快速确定核心考点。本书最大的特色就是考点明确，重点突出，内容凡是涉及考点的均用下划线标注。

三、习题精解

本书每节后均有配套的习题，且每题后均有详细的解析。习题能帮助考生了解考试题型及巩固所学知识。

四、图文并茂

本书重点、难点知识均配有相应的图表，帮助大家轻松理解和记忆知识。

本书严格按照新大纲编写。全新的大纲、全新的内容、全新的理念。考生可以登录大易网校官网 www. kaoshi60. cn 或关注大易网校官方微信（微信号：考试 60），实时关注最新考试动态及相关考试内容。

本书编写虽然力求完美，但由于时间有限，本套辅导教材如有不足之处，希望广大读者多提宝贵意见。

会计从业资格考试命题研究组

目　录

第一章　会计电算化概述

章节简介

本章主要讲述了会计电算化的相关概念和会计软件的相关知识。

第一部分内容介绍会计电算化、会计信息化等相关概念以及会计电算化的特性。该部分内容要求考生了解。

第二部分内容介绍会计软件的配备方式以及会计软件各功能模块功能、各模块之间的数据传递关系。该部分内容要求考生熟悉。

第三部分内容介绍会计软件和服务的规范、企业会计信息化的工作规范，以及会计信息化的监督管理。该部分内容要求考生了解。

第一节　会计电算化的概念及其特征

考纲重点分布

一、会计电算化的概念及其特征	1. 会计电算化的相关概念	了解
	2. 会计电算化的特征	了解

考点精解

一、会计电算化的相关概念

考点 1　会计电算化

"会计电算化"一词于1981 年 8 月财政部和中国会计学会在长春市召开的"财务、会计、成本应用电子计算机专题讨论会"上正式提出，是"电子计算机信息技术在会计中的应用"的简称。

一般而言，会计电算化有狭义和广义之分。

狭义的会计电算化是指以电子计算机为主体的电子信息技术在会计工作中的应用。具体来说，就是利用计算机代替人工记账、算账、报账以及替代部分由人脑完成的对会计信息化的处理、分析和判断的过程。简单地说就是计算机技术在会计工作中的应用。

广义的会计电算化是指与实现电算化有关的所有工作，包括会计软件的开发应用及其软件市场的培育、会计电算化人才的培训、会计电算化的宏观规划和管理、会计电算化制度建设等。

总结：

（1）会计电算化一词于1981年8月提出。

（2）狭义的会计电算化是指以电子计算机为主体的电子信息技术在会计工作中的应用。

（3）广义的会计电算化是指与实现电算化有关的所有工作。

（4）广义的会计电算化的工作包括：①会计软件的开发应用及其软件市场的培育；②会计电算化人才的培训；③会计电算化的宏观规划和管理；④会计电算化制度建设。

考点2　会计信息化

随着企业信息化和会计电算化的深入发展，"会计电算化"逐步向"企业管理信息化"（以下简称"会计信息化"）的高级阶段迈进。1999年4月初，在深圳召开的"会计信息化理论专家座谈会"上，与会专家提出了"会计信息化"这一概念。

会计信息化是指企业利用计算机、网络通信等现代信息技术手段开展会计核算，以及利用上述技术手段将会计核算与其他经营管理活动有机结合的过程。

相对于会计电算化而言，会计信息化是一次质的飞跃。现代信息技术手段能够实时便捷地获取、加工、传递、存储和应用会计信息，为企业经营管理、控制决策和经济运行提供充足、实时、全方位的信息。

会计电算化和会计信息化的概念和关系如表1-1所示。

表1-1　会计电算化和会计信息化的概念和关系

名称		概念	关系
会计电算化	狭义	以电子计算机为主体的电子信息技术在会计工作中的应用	①会计电算化解决的是利用信息技术进行会计核算和报告工作的相关问题 ②会计信息化则是在会计电算化工作的基础上，以构建和实施有效的企业内部控制为指引，集成管理企业的各种资源和信息 ③会计电算化是会计信息化的初级阶段和基础工作，从会计电算化发展到会计信息化是一次质的飞跃
	广义	与实现电算化有关的所有工作，包括会计软件的开发应用及其软件市场的培育、会计电算化人才的培训、会计电算化的宏观规划和管理、会计电算化的制度建设等	
会计信息化		企业利用计算机、网络通信等现代信息技术手段开展会计核算，以及利用上述技术手段将会计核算与其他经营管理活动有机结合的过程	

总结：

（1）会计信息化即利用现代信息技术手段将<u>会计核算</u>与<u>其他经营管理活动</u>有机结合的过程。

（2）会计信息化是<u>一次质的飞跃</u>。

（3）会计电算化是会计信息化的<u>初级阶段和基础工作</u>。

考点3 会计软件

1. 会计软件的概念

会计软件是专门用于会计核算、财务管理的计算机软件、软件系统及其功能模块，包括一组指挥计算机进行会计核算与管理工作的程序、存储数据以及有关资料。

2. 会计软件的特征

会计软件通常具有以下主要功能：

（1）为会计核算、财务管理<u>直接提供数据输入</u>。会计数据的输入可以通过<u>键盘手工输入</u>、<u>软盘输入</u>和<u>网络传输</u>等几种形式，输入会计核算所必需的期初数据及有关资料，如总分类科目和明细分类科目的名称、编号、年初数、累计发生额及有关数量指标等。输入的数据必须符合国家统一会计制度的规定。

（2）<u>生成凭证、账簿、报表等会计资料</u>。会计软件能够提供根据审核通过的机内记账凭证及所附原始凭证登记账簿；自动进行银行对账，根据机内银行存款日记账与输入的对账单，自动生成银行存款余额调节表；自动编制会计报表；自动结账等。

（3）<u>对会计资料进行转换、输出、分析、利用</u>。会计核算软件能够提供对机内会计数据的查询，如查询机内总分类账、明细分类账、往来账款项目的结算情况，并打印输出查询结果。

总结：

（1）会计软件的功能：①为会计核算、财务管理直接提供数据输入；②生成凭证、账簿、报表等会计资料；③对会计资料进行转换、输出、分析、利用。

（2）会计数据输入形式包括<u>键盘手工输入</u>、<u>软盘输入</u>和<u>网络传输</u>。

考点4 会计信息系统

1. 会计信息系统的概念

<u>会计信息系统</u>（Accounting Information System，AIS），是指利用信息技术对会计数据进行采集、存储和处理，完成会计核算任务，并提供会计管理、分析与决策相关会计信息的系统，<u>其实质是将会计数据转化为会计信息的系统</u>，是企业管理信息系统的一个重要子系统。

2. 会计信息系统分类

（1）根据信息技术的影响程度。会计信息系统分为<u>手工会计信息系统</u>、<u>传统自动化会计信息系统</u>和<u>现代会计信息系统</u>。

（2）根据其功能和管理层次的高低。会计信息系统分为<u>会计核算系统</u>、<u>会计管理系统</u>和<u>会计决策支持系统</u>。

考点5 ERP和ERP系统

<u>ERP</u>（Enterprise Resource Planning，<u>企业资源计划</u>），是指利用信息技术，一方面将企业内部所有资源整合在一起，对开发设计、采购、生产、成本、库存、分销、运输、财

务、人力资源、品质管理进行科学规划；另一方面将企业与其外部的供应商、客户等市场要素有机结合，实现对企业的物质资源（物流）、人力资源（人流）、财务资源（财流）和信息资源（信息流）等进行一体化管理（即"四流一体化"或"四流合一"），<u>其核心思想是供应链管理</u>，强调对整个供应链的有效管理，提高企业配置和使用资源的效率。

ERP 系统通过利用计算机和网络等现代技术，实现了企业内部甚至企业间的业务集成，在实现高效、实时地共享企业事务处理系统间数据和资源的同时，实现应用间的协同工作，并将一个个孤立的应用集成起来，形成一个协调的企业信息和管理系统。在功能层次上，<u>ERP 除了最核心的财务、分销和生产管理等管理功能以外，还集成了人力资源、质量管理、决策支持等企业其他管理功能。会计信息系统已经成为 ERP 系统的一个子系统。</u>

总结：

（1）ERP 译为企业资源计划。

（2）四流一体化的四流指的是物质资源（物流）、人力资源（人流）、财务资源（财流）和信息资源（信息流）。

（3）ERP 的核心思想是供应链管理。

（4）会计信息系统是 ERP 系统的一个子系统。

考点 6　XBRL

<u>XBRL（eXtensible Business Reporting Language，可扩展商业报告语言）</u>，是一种基于<u>可扩展标记语言</u>（Extensible Markup Language）的开放性业务报告技术标准，是目前应用于非结构化信息处理尤其是财务信息处理的最新标准和技术。这种语言能从根本上实现数据的集成与最大化利用，会计信息数出一门、资料共享将成为现实。

1. XBRL 的作用与优势

<u>XBRL 的主要作用在于将财务和商业数据电子化，促进财务和商业信息的显示、分析和传递</u>。XBRL 通过定义统一的数据格式标准，规定了企业报告信息的表达方式。

企业应用 XBRL 的优势主要有：

（1）<u>提供更为精确的财务报告与更具可信度和相关性的信息</u>。XBRL 提供规范的报表格式，提高了报表编制的效率及准确性，同时降低重新输入资料的次数，增加资料的正确性。

（2）<u>降低数据采集成本，提高数据流转及交换效率</u>。基于 XBRL 架构的财务报表信息具有标准格式，一次生成后，就可以直接在会计师事务所、监管机关、银行、互联网站以及出版印刷单位之间流通，各个机构可根据自身需要提取数据进行处理利用；另外，由于 XBRL 是基于 XML（可扩展标记语言）的，其本身就是一种跨平台的纯文本描述性语言，因此，数据交换也是跨平台进行的。

（3）<u>帮助数据使用者更快捷方便地调用、读取和分析数据</u>。如 XBRL 报表文档能够与微软的 Office 结合，可以与 Excel 进行数据转换，<u>可以直接用 IE 网络浏览器打开</u>，并且数据从网络浏览器到 Excel 电子表格的转换都是无缝平滑实现的，使得数据处理变得更加容易。

（4）<u>使财务数据具有更广泛的可比性</u>。在建立了具有广泛通用性的 XBRL 分类体系后，使用 XBRL 标记的财务报表，为数据比较分析提供了更广泛的可能性，财务数据不仅可以进行纵向的跨越多年份的分析，还可以进行横向的跨越多报表、多公司、多行业、多国家的比较。

（5）<u>增加资料在未来的可读性与可维护性</u>。XBRL 的文件是以 ASCII（美国信息交换标准代码）格式来存档的，只需利用支持 ASCII 码的简单文书处理器就可以读取或修改，增加了资料在未来的可读性与维护性，故非常适用于必须长期保存的文献资料。

（6）适用变化的会计准则制度的要求。因为 XBRL 将财务数据进行细分，变动的格式只是变动在一张报表内需要集成的财务指标，不同格式的报表之间，在相同的财务指标上仍然具有可比性。

总结：

（1）XBRL 译为可扩展商业报告语言。

（2）XBRL 的作用：将财务和商业数据电子化，促进财务和商业信息的显示、分析和传递。

（3）XBRL 的优势：①提供更精确的财务报告与更具可信度和相关性的信息；②降低数据采集成本，提高数据流转及交换效率；③帮助数据使用者更快捷方便地调用、读取和分析数据；④使财务数据具有更广泛的可比性；⑤增加资料在未来的可读性与可维护性；⑥适用变化的会计准则制度的要求。

2. 我国 XBRL 发展历程

我国的 XBRL 发展始于证券领域，具体发展历程如表 1-2 所示。

表 1-2　XBRL 发展历程

时间	发展史
2003 年 11 月	上海证券交易所在全国率先实施基于 XBRL 的上市公司信息披露标准
2005 年 1 月	深圳证券交易所颁布了 1.0 版本的 XBRL 报送系统
2005 年 4 月	上海证券交易所加入了 XBRL 国际组织
2006 年 3 月	深圳证券交易所加入了 XBRL 国际组织
2008 年 11 月	XBRL 中国地区组织成立
2009 年 4 月	财政部在《关于全面推进我国会计信息化工作的指导意见》中将 XBRL 纳入会计信息化的标准
2010 年 10 月 19 日	国家标准化管理委员会和财政部颁布了可扩展商业报告语言（XBRL）技术规范系列国家标准和企业会计准则通用分类标准，这成为中国 XBRL 发展历程中的一个里程碑
2011 年	财政部组织以在美国上市公司为主的 15 家国有大型企业，以及 12 家具有证券期货相关业务资格的会计师事务所开展通用分类标准首批实施工作
2012 年	财政部在 2011 年基础上扩大实施范围，增加 17 个省区市开展地方国有大中型企业实施工作，同时联合银监会组织包括全部 16 家上市银行在内的 18 家银行业金融机构开展实施工作

二、会计电算化的特征

考点　会计电算化的特征

与手工会计处理方式相比，会计电算化具有以下特征：

1. 人机结合

在会计电算化方式下，会计人员填制电子会计凭证并审核后，执行"记账"功能，计算机将根据程序和指令在极短的时间内自动完成会计数据的分类、汇总、计算、传递及报告等工作。

尽管许多会计核算工作基本实现了自动化，但会计数据的收集、审核和输入等工作仍需人工完成，各种处理指令也需要由人发出。

2. 会计核算自动化、集中化

在会计电算化方式下，试算平衡、登记账簿等以往依靠人工完成的工作，都由计算机自动完成，大大减轻了会计人员的工作负担，提高了工作效率。计算机网络在会计电算化中的广泛应用，使得企业能将分散的数据统一汇总到会计软件中进行集中处理，既提高了数据汇总的速度，又增强了企业集中管控的能力。

3. 数据处理及时准确

利用计算机处理会计数据，可以在较短的时间内完成会计数据的分类、汇总、计算、传递和报告等工作。得益于计算机的运算优势，使会计处理流程更为简便，核算结果更为精确。此外，在会计电算化方式下，会计软件运用适当的处理程序和逻辑控制，能够避免在手工会计处理方式下出现的一些错误。

4. 内部控制多样化

在会计电算化方式下，与会计工作相关的内部控制制度也将发生明显的变化。内部控制由过去的纯粹人工控制发展成为人工与计算机相结合的控制形式，一部分控制措施融入会计信息系统，使得会计电算化环境下人工控制和软件控制并存，内部控制的内容更加丰富，范围更加广泛，要求更加严格，实施更加有效。

总结：

（1）会计电算化的特征：①人机结合；②会计核算自动化、集中化；③数据处理及时准确；④内部控制多样化。

（2）尽管许多会计核算工作基本实现了自动化，但会计数据的收集、审核和输入等工作仍需人工完成，各处理指令也需要由人发出（并非所有工作全部交给计算机完成）。

典型例题

【例题1·单选题】会计电算化一词于哪一年正式提出（　　）。

A. 1981 年　　　　　B. 1979 年　　　　　C. 1980 年　　　　　D. 1991 年

【答案】A

【解析】"会计电算化"一词于 1981 年 8 月财政部和中国会计学会在长春市召开的"财务、会计、成本应用电子计算机专题讨论会"上正式提出。

【例题2·多选题】下列各项中，属于广义的会计电算化工作的有（　　）。

A. 会计电算化人才的培训

B. 会计电算化的制度建设

C. 会计电算化软件的开发及其软件市场的培育

D. 会计电算化的宏观规划和管理

【答案】ABCD

【解析】广义的会计电算化是指与实现电算化有关的所有工作，包括会计软件的开发应用及其软件市场的培育、会计电算化人才的培训、会计电算化的宏观规划和管理、会计电算化制度建设等。

【**例题3·判断题**】会计电算化是指企业利用计算机、网络通信等现代信息技术手段开展会计核算，以及利用上述手段将会计核算与其他经营管理活动有机结合的过程。

【**答案**】×

【**解析**】会计信息化是指企业利用计算机、网络通信等现代信息技术手段开展会计核算，以及利用上述手段将会计核算与其他经营管理活动有机结合的过程。

【**例题4·多选题**】会计信息系统根据信息技术的影响程度可划分为（　　）。

A. 手工会计信息系统　　　　　　　　B. 传统自动化会计信息系统

C. 现代会计信息系统　　　　　　　　D. 会计核算系统

【**答案**】ABC

【**解析**】会计信息系统根据信息技术的影响程度可划分为手工会计信息系统、传统自动化会计信息系统、现代会计信息系统。

【**例题5·单选题**】ERP是什么的简称（　　）。

A. 决策信息系统　　　　　　　　　　B. 企业资源计划

C. 信息管理系统　　　　　　　　　　D. 专家管理系统

【**答案**】B

【**解析**】ERP译为"企业资源计划"，是指利用信息技术，提高企业配置和使用资源的效率。

【**例题6·单选题**】ERP的核心思想是（　　）。

A. 四流一体化　　　B. 四流合一　　　C. 供应链管理　　　D. 决策支持

【**答案**】C

【**解析**】ERP的核心思想是供应链管理。

【**例题7·多选题**】企业应用可扩展商业报告语言（XBRL）的优势主要有（　　）。

A. 能够降低数据采集成本　　　　　　B. 提供更具可信度和相关性的信息

C. 使财务数据具有更广泛的可比性　　D. 适应变化的会计制度和报表要求

【**答案**】ABCD

【**解析**】XBRL的优势：①提供更精确的财务报告与更具可信度和相关性的信息；②降低数据采集成本，提高数据流转及交换效率；③帮助数据使用者更快捷方便地调用、读取和分析数据；④使财务数据具有更广泛的可比性；⑤增加资料在未来的可读性与可维护性；⑥适应变化的会计准则制度的要求。

【**例题8·判断题**】2009年4月，国家标准化管理委员会和财政部颁布了可扩展商业报告语言（XBRL）技术规范系列国家标准和企业会计准则通用分类标准，这成为中国XBRL发展历程中的一个里程碑。

【**答案**】×

【**解析**】2010年10月19日，国家标准化管理委员会和财政部颁布了可扩展商业报告语言（XBRL）技术规范系列国家标准和企业会计准则通用分类标准，这成为中国XBRL发展历程中的一个里程碑。

第二节　会计软件的配备方式及其功能模块

考纲重点分布

二、会计软件的配备方式及其功能模块	1. 会计软件的配备方式	熟悉
	2. 会计软件的功能模块	熟悉

考点精解

一、会计软件的配备方式

企业配备会计软件的方式主要有购买、定制开发、购买与开发相结合等方式。其中，定制开发包括企业自行开发、委托外部单位开发、企业与外部单位联合开发三种具体开发方式。

考点1　购买通用会计软件

通用会计软件是软件公司为会计工作而专门设计开发，并以产品形式投入市场的应用软件。企业作为用户，付款购买即可获得软件的使用、维护、升级以及人员培训等服务。

1. 购买通用会计软件的优点

（1）企业投入少，见效快，实现信息化的过程简单。

（2）会计软件公司集中了计算机专业技术人员和会计专业人员，由他们共同研发的会计软件性能稳定，质量可靠，运行效率高，能够满足企业的大部分需求。

（3）软件的维护和升级由软件公司负责，企业在使用过程中遇到问题可以向软件公司求助，能够大大减轻维护软件的负担。

（4）商品化软件安全保密性强，用户只能执行软件功能，不能访问和修改源程序，软件不易被恶意修改，安全性高。

2. 购买通用会计软件的缺点

（1）软件的针对性不强，通常针对一般用户设计，如果企业有较特殊的业务或流程，通用软件可能没有对应的功能模块，即便有对应的功能模块，也可能难以适应企业自身的处理流程或方式。

（2）软件功能设置过于复杂，常常设置了较多的业务处理方式和参数配置选项，业务流程简单的企业可能感到通用会计软件过于复杂，不易操作。

考点2　自行开发

自行开发是指企业自行组织人员进行会计软件开发。

1. 自行开发的优点

（1）企业能够在充分考虑自身生产经营特点和管理要求的基础上，设计最有针对性和适用性的会计软件，避免了通用软件在功能上与企业需求不能完全匹配的不足。

（2）由于企业内部员工对系统充分了解，当会计软件出现问题或需要改进时，企业能够及时高效地纠错和调整，保证系统使用的流畅性。

2. 自行开发的缺点

（1）系统开发要求高、周期长、成本高，系统开发完成后，还需要较长时间的试运行。

（2）自行开发软件系统需要大量的计算机专业人才，普通企业难以维持一支稳定的高素质软件人才队伍。

考点3　委托外部单位开发

委托外部单位开发是指企业通过委托外部单位进行会计软件开发。

1. 委托外部单位开发的优点

（1）软件的针对性较强，降低了用户的使用难度。

（2）对企业自身技术力量的要求不高。

2. 委托外部单位开发的缺点

（1）委托开发费用较高。

（2）开发人员需要花大量的时间了解业务流程和客户需求，会延长开发时间。

（3）开发系统的实用性差，常常不适用于企业的业务处理流程。

（4）外部单位的服务与维护承诺不易做好。

因此，这种方式目前已很少使用。

考点4　企业与外部单位联合开发

企业与外部单位联合开发是指企业联合外部单位进行软件开发，由本单位财务部门和网络信息部门进行系统分析，外单位负责系统设计和程序开发工作，开发完成后，对系统的重大修改由网络信息部门负责，日常维护工作由财务部门负责。

1. 企业与外部单位联合开发的优点

（1）开发工作既考虑了企业的自身需求，又利用了外单位的软件开发力量，开发的系统质量较高。

（2）企业内部人员参与开发，对系统的结构和流程较熟悉，有利于企业日后进行系统维护和升级。

2. 企业与外部单位联合开发的缺点

（1）软件开发工作需要外部技术人员与内部技术人员、会计人员充分沟通，系统开发的周期较长。

（2）企业支付给外单位的开发费用相对较高。

考点5　购买与开发相结合

购买与开发相结合是指通用会计软件与定制开发会计软件相结合的方式。对于本单位特殊的需求，在通用会计软件不能满足的情况下，再自行开发，然后利用通用会计软件提供的接口将它们连接起来。所以，使用商品化会计软件加上自行开发会计软件，既省时间又省费用，是实现会计电算化的有效途径。

二、会计软件的功能模块

会计软件的功能模块，是指会计核算软件中能够相对独立完成会计数据输入、处理和输出功能的各个部分。

考点 1　会计软件功能模块的构成及其每个模块的功能

完整的会计软件的功能模块包括账务处理模块、固定资产管理模块、工资管理模块、应收管理模块、应付管理模块、成本管理模块、报表管理模块、存货核算模块、财务分析模块、预算管理模块、项目管理模块、其他管理模块。

1. 账务处理模块

账务处理模块是会计核算软件的核心，它以凭证为数据处理起点，通过凭证输入和处理，完成记账、银行对账、结账、账簿查询及打印输出等工作。商品化的账务处理模块还包括往来款管理、部门核算、项目核算和管理及现金银行管理等一些辅助核算的功能。

2. 固定资产管理模块

固定资产管理模块主要是以固定资产卡片和固定资产明细账为基础，实现固定资产的会计核算、折旧计提和分配、设备管理等功能，同时提供了固定资产按类别、使用情况、所属部门和价值结构等进行分析、统计和各种条件下的查询、打印功能以及该模块与其他模块的数据接口管理。

3. 工资管理模块

工资管理模块是进行工资核算和管理的模块，该模块以人力资源管理提供的员工及其工资的基本数据为依据，完成员工工资数据的收集、员工工资的核算、工资发放、工资费用的汇总和分摊、个人所得税计算和按照部门、项目、个人时间等条件进行工资分析、查询和打印输出以及该模块与其他模块的数据接口管理。

4. 应收、应付管理模块

应收、应付管理模块以发票、费用单据、其他应收单据、应付单据等原始单据为依据，记录销售、采购业务所形成的往来款项，处理应收、应付款项的收回、支付和转账，进行账龄分析和坏账估计及冲销，并对往来业务中的票据、合同进行管理，同时提供统计分析、打印和查询输出功能以及与采购管理、销售管理、账务处理等模块进行数据传递的功能。

5. 成本管理模块

成本管理模块主要提供成本核算、成本分析、成本预测功能，以满足会计核算的事前预测、事后核算分析的需要。此外，成本管理模块还具有与生产模块、供应链模块以及账务处理、工资管理、固定资产管理和存货核算等模块进行数据传递的功能。

6. 报表管理模块

报表管理模块与其他模块相连，可以根据会计核算的数据，生成各种内部报表、外部报表、汇总报表，并根据报表数据分析报表以及生成各种分析图等。在网络环境下，很多报表管理模块同时提供了远程报表的汇总、数据传输、检索查询和分析处理等功能。

7. 存货核算模块

存货核算模块以供应链模块产生的入库单、出库单、采购发票等核算单据为依据，核算存货的出入库和库存金额、余额，确认采购成本，分配采购费用，确认销售收入、成本和费用，并将核算完成的数据，按照需要分别传递到成本管理模块、应付管理模块和账务处理模块。

8. 财务分析模块

财务分析模块从会计软件的数据库中提取数据，运用各种专门的分析方法，完成对企业财务活动的分析，实现对财务数据的进一步加工，生成各种分析和评价企业财务状况、经营成果和现金流量的各种信息，为决策提供正确依据。

9. 预算管理模块

预算管理模块将需要进行预算管理的集团公司、子公司、分支机构、部门、产品、费用要素等对象，根据实际需要分别定义为利润中心、成本中心、投资中心等不同类型的责任中心，然后确立各责任中心的预算方案，指定预算审批流程，明确预算编制内容，进行责任预算的编制、审核、审批，以便实现对各个责任中心的控制、分析和绩效考核。利用预算管理模块，既可以编制全面预算，又可以编制非全面预算；既可以编制滚动预算，又可以编制固定预算、零基预算；同一责任中心，既可以设置多种预算方案，编制不同预算，又可以在同一预算方案下选择编制不同预算期的预算。预算管理模块还可以实现对各子公司预算的汇总、对集团公司及子公司预算的查询，以及根据实际数据和预算数据自动进行预算执行差异分析和预算执行进度分析等。

10. 项目管理模块

项目管理模块主要是对企业的项目进行核算、控制与管理。项目管理主要包括项目立项、计划、跟踪与控制、终止的业务处理以及项目自身的成本核算等功能。该模块可以及时、准确地提供有关项目的各种资料，包括项目文档、项目合同、项目的执行情况，通过对项目中的各项任务进行资源的预算分配，实时掌握项目的进度，及时反映项目执行情况及财务状况，并且与账务处理、应收管理、应付管理、固定资产管理、采购管理、库存管理等模块集成，对项目收支进行综合管理，是对项目的物流、信息流、资金流的综合控制。

11. 其他管理模块

根据企业管理的实际需要，其他管理模块一般包括领导查询模块、决策支持模块等。领导查询模块可以按照领导的要求从各模块中提取有用的信息并加以处理，以最直观的表格和图形显示，使得管理人员通过该模块及时掌握企业信息；决策支持模块利用现代计算机、通信技术和决策分析方法，通过建立数据库和决策模型，实现向企业决策者提供及时、可靠的财务和业务决策辅助信息的目的。

上述各模块既相互联系又相互独立，有着各自的目标和任务，它们共同构成了会计软件，实现了会计软件的总目标。

考点 2　会计软件各模块的数据传递

会计软件是由各功能模块共同组成的有机整体，为实现相应功能，相关模块之间相互依赖，互通数据。

会计软件各模块的数据传递关系如图 1-1 所示。

会计核算软件是以账务处理模块为核心的，其他模块的数据处理都是围绕账务处理模块展开的。账务处理模块与其他模块的数据关系表现如下：

（1）存货核算模块生成的存货入库、存货估价入账、存货出库、盘亏/毁损、存货销售收入、存货期初余额调整等业务的记账凭证，并传递到账务处理模块，以便用户审核登记存货账簿。

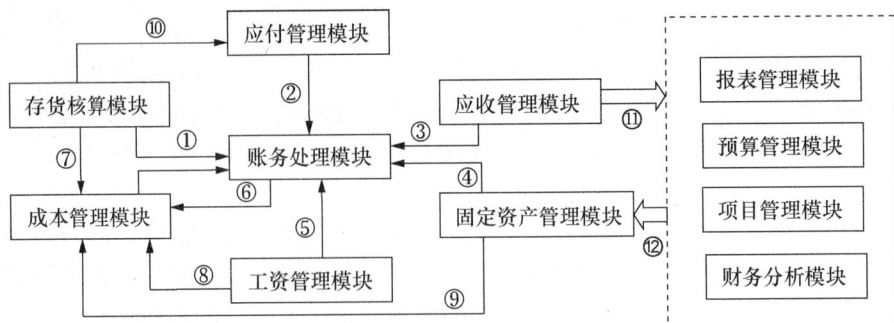

图 1-1 各模块之间的主要数据关系

（2）应付管理模块完成采购单据处理、供应商往来处理、票据新增、付款、退票处理等业务后，生成相应的记账凭证并传递到账务处理模块，以便用户审核登记赊购往来及其相关账簿。

（3）应收管理模块完成销售单据处理、客户往来处理、票据处理及坏账处理等业务后，生成相应的记账凭证并传递到账务处理模块，以便用户审核登记赊销往来及其相关账簿。

（4）固定资产管理模块生成固定资产增加、减少、盘盈、盘亏、固定资产变动、固定资产评估和折旧分配等业务的记账凭证，并传递到账务处理模块，以便用户审核登记相关的资产账簿。

（5）工资管理模块进行工资核算，生成分配工资费用、应交个人所得税等业务的记账凭证，并传递到账务处理模块，以便用户审核登记应付职工薪酬及相关成本费用账簿。

（6）成本管理模块中，如果计入生产成本的间接费用和其他费用定义为来源于账务处理模块，则成本管理模块在账务处理模块记账后，从账务处理模块中直接取得间接费用和其他费用的数据；如果不使用工资管理、固定资产管理、存货核算模块，则成本管理模块还需要在账务处理模块记账后，自动从账务处理模块中取得材料费用、人工费用和折旧费用等数据；成本管理模块的成本核算完成后，要将结转制造费用、结转辅助生产成本、结转盘点损失和结转工序产品耗用等记账凭证数据传递到账务处理模块。

（7）存货核算模块为成本管理模块提供材料出库核算的结果；成本管理模块提供给存货核算模块半成品、产成品入库成本以进行半成品、产成品出库核算。

（8）工资管理模块为成本管理模块提供人工费资料，其中应属于成本开支范围的工资分摊结果由成本管理模块登记到成本录入资料中。

（9）固定资产管理模块为成本管理模块提供固定资产折旧费数据。

（10）存货核算模块将应计入外购入库成本的运费、装卸费等采购费用和应计入委托加工入库成本的加工费传递到应付管理模块。

（11）报表管理和财务分析模块可以从各模块取数编制相关财务报表，进行财务分析；预算管理模块需要获得责任中心的相关业务数据；项目管理模块的所有业务均可以根据实际情况传递到账务处理模块，并生成与此相应的会计分录，这些会计分录包括项目成本、费用、收入等。

（12）预算管理模块编制的预算经审核批准后，生成各种预算申请单，再传递给账务处理模块、应收管理模块、应付管理模块、固定资产管理模块、工资管理模块，进行责任控制。项目管理模块中发生和项目业务相关的收款业务时，可以在应收发票、收款单或者退款单上输入相应的信息，并生成相应的业务凭证传递至账务处理模块；发生和项目相关采购活动时，其信息也可以在采购申请单、采购订单、应付模块的采购发票上记录；在固定资产管理模块引入项目数据可以更详细地归集固定资产建设和管理的数据；项目的领料和项目的退料活动等数据可以在存货核算模块进行处理，并生成相应凭证传递到账务处理模块。

此外，各功能模块都可以从账务处理模块获得相关的账簿信息。存货核算、工资管理、固定资产管理、项目管理等模块均可以从成本管理模块获得有关的成本数据。

典型例题

【例题1·单选题】会计软件中，最主要的功能模块是（　　）。

A. 成本管理模块　　　　　　　　　　B. 财务分析模块

C. 账务处理模块　　　　　　　　　　D. 工资管理模块

【答案】C

【解析】账务处理模块是会计软件系统的核心模块。

【例题2·单选题】购买通用会计软件的缺点主要是（　　）。

A. 成本高　　　　　　　　　　　　　B. 见效慢

C. 维护没有保障　　　　　　　　　　D. 软件针对性不强

【答案】D

【解析】采用购买通用会计软件的缺点主要有：①软件的针对性不强，通常针对一般用户设计，如果企业有较为特殊的业务或流程，通用软件可能没有对应的功能模块，即便有对应的功能模块，也可能难以适应企业自身的处理流程或方式；②软件功能设置过于复杂，常常设置了较多的业务处理方式和参数配置选项，业务流程简单的企业可能感到通用会计软件过于复杂，不易操作。

【例题3·多选题】企业定制开发会计软件的方式主要有（　　）。

A. 企业自行开发　　　　　　　　　　B. 购买通用会计软件

C. 委托外部单位开发　　　　　　　　D. 企业与外部单位联合开发

【答案】ACD

【解析】定制开发包括企业自行开发、委托外部单位开发、企业与外部单位联合开发三种具体开发方式。

【例题4·单选题】（　　）生成的存货入库、存货估价入账等业务的记账凭证，并传递到账务处理模块。

A. 存货核算模块　　B. 成本核算模块　　C. 账务处理模块　　D. 工资管理模块

【答案】A

【解析】存货核算模块生成的存货入库、存货估价入账、存货出库、盘亏/毁损、存货销售收入、存货期初余额调整等业务的记账凭证，并传递到账务处理模块，以便用户审核登记存货账簿。

第三节　企业会计信息化工作规范

考纲重点分布

三、企业会计信息化工作规范	1. 会计软件和服务的规范	了解
	2. 企业会计信息化的工作规范	了解
	3. 会计信息化的监督管理	了解

考点精解

一、会计软件和服务的规范

考点　会计软件和服务的规范

（1）会计软件应当保障企业按照国家统一会计准则制度开展会计核算，不得有违背国家统一会计准则制度的功能设计。

（2）会计软件的界面应当使用中文并且提供对中文处理的支持，可以同时提供外国或者少数民族文字界面对照和处理支持。

（3）会计软件应当提供符合国家统一会计准则制度的会计科目分类和编码功能。

（4）会计软件应当提供符合国家统一会计准则制度的会计凭证、账簿和报表的显示和打印功能。

（5）会计软件应当提供不可逆的记账功能，确保对同类已记账凭证的连续编号，不得提供对已记账凭证的删除和插入功能，不得提供对已记账凭证日期、金额、科目和操作人的修改功能。

（6）鼓励软件供应商在会计软件中集成可扩展商业报告语言（XBRL）功能，便于企业生成符合国家统一标准的 XBRL 财务报告。

（7）会计软件应当具有符合国家统一标准的数据接口，满足外部会计监督需要。

（8）会计软件应当具有会计资料归档功能，提供导出会计档案的接口，在会计档案存储格式、原数据采集、真实性与完整性保障方面，符合国家有关电子文件归档与电子档案管理的要求。

（9）会计软件应当记录生成用户操作日志，确保日志的安全、完整。

（10）以远程访问、云计算等方式提供会计软件的供应商，应当在技术上保证客户会计资料的安全、完整。

（11）客户以远程访问、云计算等方式使用会计软件生成的电子会计资料归客户所有。

（12）以远程访问、云计算等方式提供会计软件的供应商，应当做好本厂商不能维持服务情况下，保障企业电子会计资料安全以及企业会计工作持续进行的预案。

（13）软件供应商应当努力提高会计软件相关服务质量，按照合同约定及时解决用户使用中的故障问题。

（14）鼓励软件供应商采用呼叫中心、在线客服等方式为用户提供实时技术支持。

（15）软件供应商应当就如何通过会计软件开展会计监督工作，提供专门教程和相关资料。

二、企业会计信息化的工作规范

考点1　会计信息化建设

（1）企业应当充分重视会计信息化工作，加强组织领导和人才培养，不断推进会计信息化在本企业的应用。

（2）企业开展会计信息化工作，应当根据发展目标和实际需要，合理确定建设内容，避免投资浪费。

（3）企业开展会计信息化工作，应当注重信息系统与经营环境的契合。

（4）大型企业、企业集团开展会计信息化工作，应当注重整体规划，统一技术标准、编码规则和系统参数，实现各系统的有机整合，消除信息孤岛。

（5）企业配备会计软件，应当根据自身技术力量以及业务需求，考虑软件功能、安全性、稳定性、响应速度、可扩展性等要求，合理选择购买、定制开发、购买与开发相结合等会计软件配备方式。

（6）企业通过委托外部单位开发、购买等方式配备会计软件，应当在有关合同中约定操作培训、软件升级、故障解决等服务事项以及软件供应商对企业信息安全的责任。

（7）企业应当促进会计信息系统与业务信息系统的一体化，通过业务的处理直接驱动会计记账，减少人工操作，提高业务数据与会计数据的一致性，实现企业内部信息资源共享。

（8）企业应当根据实际情况，开展本企业信息系统与银行、供应商、客户等外部单位信息系统的互联，实现外部交易信息的集中自动处理。

（9）企业进行会计信息系统前端系统的建设和改造，应当安排负责会计信息化工作的专门机构或者岗位参与，充分考虑会计信息系统的数据需求。

（10）企业应当遵循企业内部控制规范体系要求，加强对会计信息系统规划、设计、开发、运行、维护全过程的控制。

（11）处于会计核算信息化阶段的企业，应当结合自身情况，逐步实现资金管理、资产管理、预算控制、成本管理等财务管理信息化；处于财务管理信息化阶段的企业，应当结合自身情况，逐步实现财务分析、全面预算管理、风险控制、绩效考核等决策支持信息化。

考点2　信息化条件下的会计资料管理

（1）对于信息系统自动生成且具有明晰审核规则的会计凭证，可以将审核规则嵌入会计软件，由计算机自动审核。未经自动审核的会计凭证，应当先经人工审核再进行后续处理。

（2）分公司、子公司数量多、分布广的大型企业、企业集团应当探索利用信息技术促进会计工作的集中，逐步建立财务共享服务中心。

（3）外商投资企业使用的境外投资者指定的会计软件或者跨国企业集团统一部署的会计软件，应当符合会计软件和服务的规范的要求。

（4）企业会计信息系统数据服务器的部署应当符合国家有关规定。

（5）企业会计资料中对经济业务事项的描述应当使用中文，可以同时使用外国或者少数民族文字对照。

（6）企业应当建立电子会计资料备份管理制度，确保会计资料的安全、完整和会计信息系统的持续、稳定运行。

（7）企业不得在非涉密信息系统中存储、处理和传输涉及国家秘密、关系国家经济信息安全的电子会计资料；未经有关主管部门批准，不得将其携带、寄运或者传输至境外。

（8）企业内部生成的会计凭证、账簿和辅助性会计资料，如果同时满足所记载的事项属于本企业重复发生的日常业务、由企业信息系统自动生成且可查询和输出、企业对相关数据建立了电子备份制度及完善的索引体系等条件，可以不输出纸面资料。

（9）企业获得的需要外部单位或者个人证明的原始凭证和其他会计资料，如果同时满足会计资料附有可靠的电子签名且电子签名经符合《中华人民共和国电子签名法》的第三方认证、所记载的事项属于本企业重复发生的日常业务、可及时在企业信息系统中查询和输出、企业对相关数据建立了电子备份制度及完善的索引体系等条件，可以不输出纸面资料。

（10）企业会计资料的归档管理，遵循国家有关会计档案管理的规定。

（11）实施企业会计准则通用分类标准的企业，应当按照有关要求向财政部报送XBRL财务报告。

三、会计信息化的监督管理

考点　会计信息化的监督管理

（1）企业使用会计软件不符合《企业会计信息化工作规范》（以下简称《规范》）要求的，由财政部门责令限期改正。限期不改的，财政部门应当予以公示，并将有关情况通报同级相关部门或其派出机构。

（2）财政部采取组织同行评议，向用户企业征求意见等方式对软件供应商提供的会计软件遵循《规范》的情况进行检查。省、自治区、直辖市人民政府财政部门发现会计软件不符合《规范》的，应当将有关情况报财政部。

（3）软件供应商提供的会计软件不符合《规范》的，财政部可以约谈该供应商主要负责人，责令限期改正。限期内未改正的，由财政部予以公示，并将有关情况通报相关部门。

典型例题

【例题1·判断题】会计软件的界面应当使用中文并且提供对中文处理的支持，可以同时提供外国或者少数民族文字界面对照和处理支持。（　　）

【答案】√

【解析】会计软件的界面应当使用中文并且提供对中文处理的支持，可以同时提供外国或者少数民族文字界面对照和处理支持。

【例题2·判断题】会计软件应当提供可逆的记账功能，提供可以对记账凭证的删除功能。（　）

【答案】×

【解析】会计软件应当提供不可逆的记账功能，确保对同类已记账凭证的连续编号，不得提供对已记账凭证的删除和插入功能，不得提供对已记账凭证日期、金额、科目和操作人的修改功能。

【例题3·判断题】企业使用会计软件不符合《企业会计信息化工作规范》要求的，由财政部门进行处罚。（　）

【答案】×

【解析】企业使用会计软件不符合《企业会计信息化工作规范》要求的，由财政部门责令限期改正。限期不改的，财政部门应当予以公示，并将有关情况通报同级相关部门或其派出机构。

【例题4·单选题】下列说法中关于会计信息化的工作规范，错误的是（　　）。

A. 企业应当充分重视会计信息化工作，加强组织领导和人才培养，不断会计信息化在本企业的应用

B. 大型企业、企业集团开展会计信息化工作，应当注重整体规划，统一技术标准、编码规则和系统参数，实现各系统的有机整合，消除信息孤岛

C. 企业通过委托外部单位开发、购买等方式配备会计软件，应当在有关合同中约定操作培训、软件升级、故障解决等服务事项，以及软件供应商对企业信息安全的责任

D. 企业进行会计信息系统前端系统的建设和改造，不需要负责会计信息化工作的专门机构或者岗位参与

【答案】D

【解析】企业进行会计信息系统前端系统的建设和改造，应当安排负责会计信息化工作的专门机构或者岗位参与，充分考虑会计信息系统的数据需求。

第二章　会计软件的运行环境

章节简介

本章主要内容是会计软件的运行环境。

第一部分内容介绍会计软件运行需要的硬件环境、软件环境和网络环境。硬件设备一般包括输入设备、处理设备、存储设备、输出设备和通信设备；软件类型包括系统软件和应用软件；会计信息系统网络由服务器、客户机和网络连接设备组成。

第二部分内容介绍网络环境下，会计软件的安全问题。了解计算机病毒的特点、分类和计算机黑客入侵的常用手段和防范措施。

第一节　会计软件的硬件环境

考纲重点分布

一、会计软件的硬件环境	1. 硬件设备	掌握
	2. 硬件结构	掌握

考点精解

一个完整的微型计算机系统是由硬件系统和软件系统两大部分组成。

硬件系统是指组成一台计算机的各种物理装置，它们由各种具体的物理器件组成，是计算机进行工作的物质基础。

软件系统则指管理、控制和维护计算机的各种程序、数据以及相关资料的总称，是计算机的灵魂。

一、硬件设备

硬件设备一般包括输入设备、处理设备、存储设备、输出设备和通信设备（网络电缆等）。

考点 1 输入设备

计算机常见的输入设备有键盘、鼠标、光电自动扫描仪、条形码扫描仪（又称扫码器）、二维码识读设备、POS 机、芯片读卡器、语音输入设备、手写输入设备等。

在会计软件中，键盘一般用来完成会计数据或相关信息的输入工作；鼠标一般用来完成会计软件中的各种用户指令，选择会计软件各功能模块的功能菜单；扫描仪一般用来完成原始凭证和单据的扫描，并将扫描结果存入会计软件相关数据库中。

1. 键盘

键盘是微型计算机不可缺少的输入设备。各种数据、命令及指令都可以通过键盘输入到微型计算机系统中。键盘分为 5 个键区：功能键区、主键盘区、编辑控制键区、辅助键区和状态指示区（见图 2-1）。

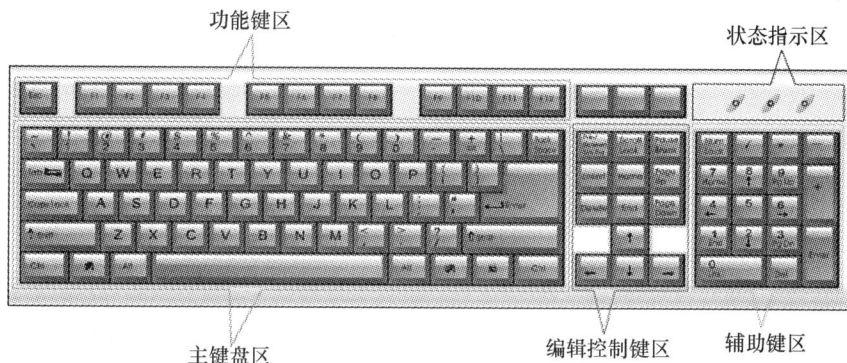

图 2-1 键盘分区

（1）功能键区是位于主键盘区上方的一组按键，由 Esc、F1 ~ F12 这 13 个键组成。这些键在各种软件中分别被定义成特定的功能，如许多软件将 F1 定义为帮助键，Esc 定义为终止程序键。

（2）主键盘区包括字母键、数字键和控制键，是键盘操作的主要区域，各种字母、数字、符号以及汉字信息等都是通过这一区域操作输入计算机的。如Shift（上档键）与主键盘区域上双字符键组合使用，可以输入双字符键上方的字符。又如 Caps Lock（大写字母锁定键）用于改变字母的大小写状态，其状态由键盘右上角的 Caps Lock 指示灯标示。

（3）编辑控制键区在主键盘区的右侧，上方是编辑区，主要有删除键、屏幕翻页键等；下方是光标控制区，主要用于光标上下左右的移动。

（4）辅助键区又称小键盘区，主要用于输入数字。若键盘上方的 Num Lock 指示灯亮，表示当前为数字输入状态；否则为光标控制状态。可以通过左上角的 Num Lock 键转换。

（5）状态指示区，主要用于对于键盘中含有 Lock 键的状态进行区分。如 Num Lock 控制着第一盏灯、Caps Lock 控制着第二盏灯、Scroll Lock 控制着第三盏灯。

2. 鼠标

鼠标已经成为一种必不可少的计算机输入设备。鼠标外观简单，两个按键、一个滚轮。按照定位原理的不同可划分为机械式和光电式。普遍使用的是带有 USB 接口的光电滚轮鼠标。

3. 扫描仪

扫描仪是一种计算机外部仪器设备，通过捕获图像并将之转换成为计算机可以显示、编辑、存储和输出的数字化输入设备。

考点2　处理设备

处理设备主要是指计算机主机。中央处理器（CPU）是计算机主机的核心部件，主要功能是按照程序给出的指令序列，分析并执行指令。CPU 由控制器和运算器组成。

运算器又称算术逻辑单元，是指在控制器控制下完成加减乘除运算和逻辑判断的计算机部件。在计算过程中，运算器不断从存储器中获取数据，经计算后将结果再返回存储器。

控制器是整个计算机的指挥中心，负责从存储器中取出指令，并对指令进行分析判断后产生一系列的控制信号，控制计算机各部件自动连续地完成各种操作。

总结：

（1）中央处理器（CPU）是计算机主机的核心部件。

（2）CPU 由控制器和运算器组成。

（3）控制器是整个计算机的指挥中心。

计算机主机结构如图 2-2 所示。

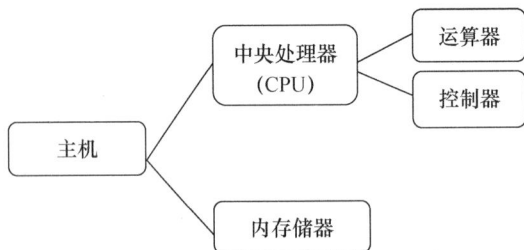

图 2-2　计算机主机结构

考点3　存储设备

计算机的存储设备包括内存储器和外存储器。

1. 内存储器

（1）内存储器的定义。内存储器也称主存储器，简称内存，用于存放当前正在执行的程序和数据。由于内存直接与 CPU 交换信息，因此要求它的存取速度非常快。

（2）内存储器的分类。内存按其功能，可分为随机存储器 RAM（Random Access Memory）、只读存储器 ROM（Read-Only Memory）和高速缓冲存储器（Cache）。

1）通常人们所说的内存就是指随机存储器 RAM，一般容量较小，但数据存取速度较快。RAM 中的信息可以随时读出和写入，用来存放计算机工作时所需要的程序和数据。由于 RAM 依靠计算机电源供电，当计算机断电后，RAM 中的信息会完全丢失，并且不能恢复。

2) ROM 中的内容只能读出不能写入，它的内容是由芯片厂家在生产过程中写入的。由于 ROM 依靠电池供电，所以即使关闭计算机电源，ROM 中的信息也不会丢失。

3) 高速缓冲存储器（Cache）是位于 CPU 和内存之间的规模较小但速度很快的一种存储器，主要用来存放当前内存中使用最频繁的程序块和数据块，并以接近 CPU 的速度向 CPU 提供程序指令和数据，其目的是解决 CPU 和 RAM 之间速度不匹配的矛盾。由于 Cache 中的信息只是 RAM 中部分内容的副本，因此，增加 Cache 只是提高 CPU 的读写速度，但不会改变内存的容量。

2. 外存储器

外存储器也称辅助存储器，简称外存，主要用来存储大量的暂不参加运算或处理但又需要长期保留的数据和程序，它是内存的后备和补充。与内存相比，外存存储容量较大，关机后信息不会丢失，但数据存取速度较慢。常见的外存储器有硬盘、U 盘、光盘等。会计软件中的各种数据一般存储在外存储器中。

计算机存储设备构成如图 2-3 所示。

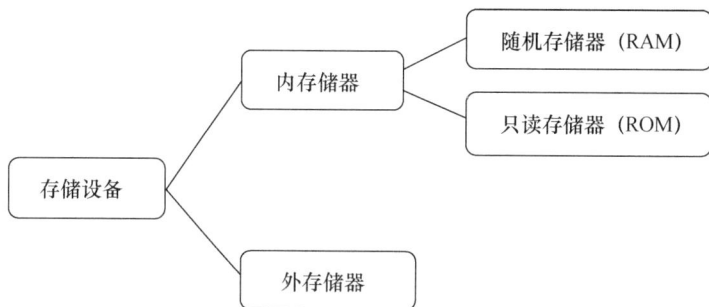

图 2-3　计算机存储设备构成

考点 4　输出设备

计算机常见的输出设备有显示器和打印机。

在会计软件中，显示器既可以显示用户在系统中输入的各种命令和信息，也可以显示系统生成的各种会计数据和文件；打印机一般用于打印输出各类凭证、账簿、财务报表等各种会计资料。

总结：

（1）计算机的存储设备包括内存储器和外存储器。

（2）内存储器分为随机存储器 RAM（Random Access Memory）、只读存储器 ROM（Read - Only Memory）和高速缓冲存储器（Cache）。

（3）随机存储器（RAM）：①一般容量较小，但数据存取速度较快；②可以随时读出和写入；③靠电源供电，断电后 RAM 中的信息会完全丢失，并且不能恢复。

（4）只读存储器（ROM）：①只能读出不能写入；②靠电池供电，断电后 ROM 中的信息不会丢失。

（5）外存储器：①存储容量大，但数据存取速度较慢；②关机后信息不会丢失；③常见的外存储器有硬盘、U 盘、光盘等；④外存储器既是输入设备又是输出设备。

二、硬件结构

硬件结构是指硬件设备的不同组合方式。电算化会计信息系统中常见的硬件结构通常有单机结构、多机松散结构、多用户结构和微机局域网络四种形式。

考点 1 单机结构

单机结构属于单用户工作方式，一台计算机同一时刻只能一人使用。

单机结构的优点在于使用简单、配置成本低，数据共享程度高，一致性好；其缺点在于集中输入速度低，不能同时允许多个成员进行操作，并且不能进行分布式处理。适用于数据输入量小的企业。

考点 2 多机松散结构

多机松散结构是指有多台计算机，但每台计算机都有相应的输入输出设备，每台计算机仍属单机结构，各台计算机不发生直接的数据联系（通过磁盘、光盘、U 盘、移动硬盘等传送数据）。

多机松散结构的优点在于输入输出集中程度高，速度快；其缺点在于数据共享性能差，系统整体效率低。主要适用于输入量较大的企业。

考点 3 多用户结构

多用户结构又称联机结构，整个系统配备一台计算机主机（通常是中型机，目前也有较高档的计算机）和多个终端（终端由显示器和键盘组成）。主机与终端的距离较近（0.1 千米左右），并为各终端提供虚拟内存，各终端可同时输入数据。

多用户结构的优点在于会计数据可以通过各终端分散输入，并集中存储和处理；缺点在于费用较高，应用软件较少，主机负载过大，容易形成拥塞。主要适用于输入量大的企业。

考点 4 微机局域网络

微机局域网络（又称网络结构），是由一台服务器（通常是高档计算机）将许多中低档计算机连接在一起（由网络接口卡、通信电缆连接），相互通信、共享资源，组成一个功能更强的计算机网络系统。

微机局域网络通常分为客户机/服务器结构和浏览器/服务器结构两种结构，主要适用于大中型企业。

1. 客户机/服务器（C/S）结构

客户机/服务器结构是指整个系统配置一台或多台服务器以及大量客户机的体系结构。根据应用程序向另外一台计算机请求数据库服务的计算机称为客户机（Client），而处理客户机数据库请求的计算机称为服务器（Server）。

客户机/服务器结构模式下，服务器配备大容量存储器并安装数据库管理系统，负责会计数据的定义、存取、备份和恢复，客户端安装专用的会计软件，负责会计数据的输入、运算和输出。

客户机/服务器结构的优点在于技术成熟、响应速度快、适合处理大量数据；其缺点在于系统客户端软件安装维护的工作量大，且数据库的使用一般仅限于局域网的范围内。因此，客户机/服务器结构通常适用于地理位置集中的企业。

2. 浏览器/服务器（B/S）结构

浏览器/服务器（B/S）结构是指客户端采用浏览器（Browser）运行软件的体系结构。

浏览器/服务器结构模式下，服务器是实现会计软件功能的核心部分，客户机上只需安装一个浏览器，用户通过浏览器向分布在网络上的服务器发出请求，服务器对浏览器的请求进行处理，将用户所需信息返回到浏览器。

浏览器/服务器结构的优点在于维护和升级方式简单，运行成本低；其缺点是应用服务器运行数据负荷较重。

总结：

硬件结构的优缺点及适用范围如表2-1所示。

表2-1 硬件结构的优缺点及适用范围

硬件结构		优点	缺点	适用
单机结构		使用简单、配置成本低，数据共享程度高，一致性好	集中输入速度低，不能同时允许多个成员进行操作，并且不能进行分布式处理	数据输入量小的企业
多机松散结构		输入输出集中程度高，速度快	数据共享性能差，系统整体效率低	数据输入量较大的企业
多用户结构		会计数据可以通过各终端分散输入，并集中存储和处理	费用较高，应用软件较少，主机负载过大，容易形成拥塞	数据输入量大的企业
微机局域网络	C/S结构	技术成熟、响应速度快、适合处理大量数据	系统客户端软件安装维护的工作量大，且数据库的使用一般仅限于局域网的范围内	大中型企业
	B/S结构	维护和升级方式简单，运行成本低	应用服务器运行数据负荷较重	

典型例题

【例题1·单选题】下列各项中属于硬件设备的是（ ）。

A. 操作系统　　　　B. 数据库管理系统　　　　C. 输入设备　　　　D. 语言处理程序

【答案】C

【解析】计算机硬件设备包括输入设备、处理设备、存储设备、输出设备和通信设备。选项ABD属于系统软件的范畴。

【例题2·单选题】RAM具有的特点是（ ）。

A. RAM是外存储器

B. 存储在其中的信息可以永久保存

C. 一旦断电，存储在其上的信息将全部消失且无法恢复

D. 存储在其中的数据不能改写

【答案】C

【解析】RAM 是随机存储器，是内存储器的一种，RAM 既可从中读取数据又可向它写入数据，一旦断电，信息会丢失且无法恢复。

【例题3·单选题】硬件结构是指硬件设备的不同组合方式，常见的会计信息系统的硬件结构不包括（　）。

A. 单机结构　　B. 多机松散结构　　C. 计算机局域网络结构　　D. 互联网结构

【答案】D

【解析】硬件结构是指硬件设备的不同组合方式。电算化会计信息系统中常见的硬件结构通常有单机结构、多机松散结构、多用户结构和计算机局域网络四种形式。

【例题4·多选题】处理设备主要是指计算机主机，中央处理器主要包括（　）。

A. 运算器　　　　B. 控制器　　　　C. 寄存器　　　　D. 存储器

【答案】AB

【解析】中央处理器主要包括运算器和控制器。

【例题5·多选题】下列属于单机结构的缺点的有（　）。

A. 使用简单、配置成本低　　　　　　B. 数据共享程度低

C. 集中输入速度低　　　　　　　　　D. 不能同时允许多个成员进行操作

【答案】CD

【解析】单机结构的优点在于使用简单、配置成本低，数据共享程度高，一致性好；其缺点在于集中输入速度低，不能同时允许多个成员进行操作，并且不能进行分布式处理。适用于数据输入量小的企业。

【例题6·多选题】若计算机在工作过程中突然断电，则计算机（　）不会丢失。

A. ROM 和 RAM 中的信息　　　　　B. ROM 中的信息

C. RAM 中的信息　　　　　　　　　D. 硬盘中的信息

【答案】BD

【解析】RAM 依靠电源供电，当计算机断电时，RAM 中的信息会完全丢失，并不可恢复。ROM 依靠电池供电，所以即使关闭计算机电源，ROM 中的信息也不会丢失，因此常用 ROM 来存放重要的、固定的并且反复使用的程序和数据。

第二节　会计软件的软件环境

考纲重点分布

二、会计软件的软件环境	1. 软件的类型	掌握
	2. 安装会计软件的前期准备	掌握

考点精解

一、软件的类型

考点1　计算机软件类型

计算机软件分为系统软件和应用软件两大类。

计算机软件系统构成如图2－4所示。

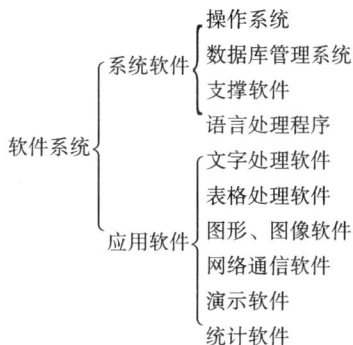

図2－4　计算机软件系统构成

考点2　系统软件

系统软件是用来控制计算机运行，管理计算机的各种资源，并为应用软件提供支持和服务的一类软件。它是用于对计算机的软硬件资源进行共同管理、监控和维护以及对应用软件进行解释和运行的软件。系统软件通常包括操作系统、数据库管理系统、支撑软件和语言处理程序等。

1. 操作系统

操作系统（Operating System，OS）是指计算机系统中负责支撑应用程序的运行环境以及用户操作环境的系统软件，具有对硬件直接监管、管理各种计算机资源以及提供面向应用程序的服务等功能。

操作系统是系统软件的核心，是最基本、最重要的系统软件。

常用的微型计算机操作系统有Windows、UNIX、Linux 和 MS－DOS 操作系统等。

2. 数据库管理系统

数据库是指按一定的方式组织起来的数据的集合，它具有数据冗余度小、可共享等特点。数据库管理系统（Database Management System，DBMS）是一种操纵和管理数据库的大型软件。

常用的数据库管理系统有Oracle、Sybase、Visual FoxPro、Informix、SQL Server、Access 等。

3. 支撑软件

支撑软件是指为配合应用软件有效运行而使用的工具软件，它是软件系统的一个重要组成部分。

4. 语言处理程序

编制程序的过程被称为程序设计，因而计算机语言又称程序设计语言。按照语言对计算机硬件的依赖程度，程序设计语言可分为三大类，即机器语言、汇编语言和高级语言。

语言处理程序包括汇编程序、解释程序和编译程序等，其任务是将用汇编语言或高级语言编写的程序，翻译成计算机硬件能够直接识别和执行的机器指令代码。没有语言处理程序的支持，用户编写的应用软件就无法被计算机接受和执行。

考点3　应用软件

应用软件是为解决各类实际问题而专门设计的软件。应用软件适用于特定的应用领域，可以由用户自己开发，也可以在市场上购买。会计软件属于应用软件。

通用应用软件大致可分为文字处理、表格处理、图形图像处理、网络通信软件、演示软件或统计软件等。

计算机硬件和软件构成如图2-5所示。

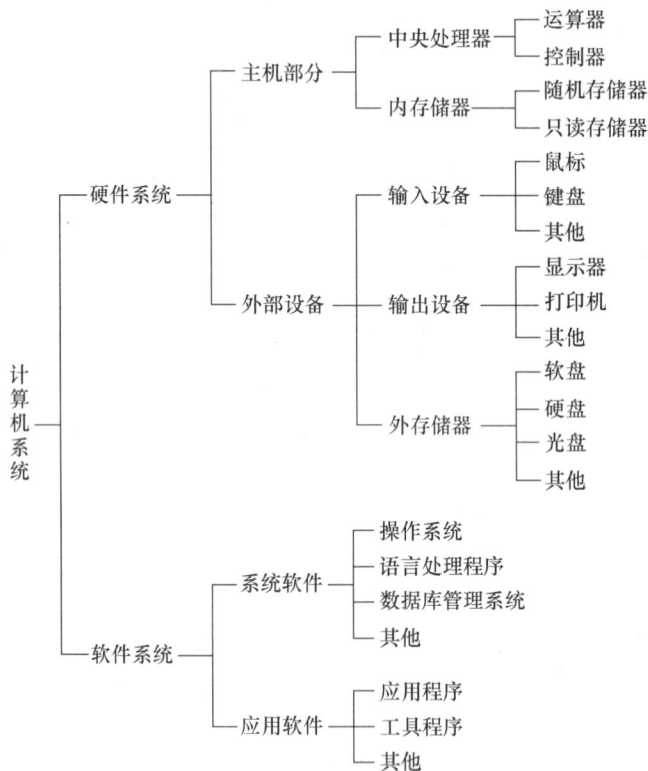

图2-5　计算机硬件和软件构成

二、安装会计软件的前期准备

考点　安装会计软件的前期准备

（1）在安装会计软件前，技术支持人员必须首先确保计算机的操作系统符合会计软件的运行要求。

（2）在检查并设置完操作系统后，技术支持人员需要安装数据库管理系统。

（3）会计软件的正常运行需要某些支撑软件的辅助。因此，在设置完操作系统并安装完数据库管理系统后，技术支持人员应该安装计算机缺少的支撑软件。

（4）在确保计算机操作系统满足会计软件的运行要求，并安装完毕数据库管理软件和支撑软件后，技术支持人员方可开始安装会计软件，同时应考虑会计软件与数据库系统的兼容性。

典型例题

【例题1·多选题】下列软件属于数据库管理系统的有（　　）。

A. Visual FoxPro　　　B. Sybase　　　C. Windows　　　D. Access

【答案】ABD

【解析】Windows 属于操作系统。

【例题2·多选题】下列软件中，不属于应用软件的有（　　）。

A. 操作系统　　　B. 数据库管理系统　　　C. 人事管理系统　　　D. 金山 WPS

【答案】AB

【解析】选项 AB 属于系统软件。

【例题3·多选题】系统软件通常包括（　　）。

A. 操作系统　　　B. 支撑软件　　　C. 数据库管理系统　　　D. 应用软件

【答案】ABC

【解析】系统软件包括操作系统、数据库管理系统、支撑软件和语言处理程序。

第三节　会计软件的网络环境

考纲重点分布

三、会计软件网络环境	1. 计算机网络基本知识	掌握
	2. 会计信息系统的网络组成部分	掌握

考点精解

一、计算机网络基本知识

考点1　计算机网络的概念与功能

计算机网络是以**硬件资源**、**软件资源**和**信息资源**共享以及信息传递为目的，在统一的网络协议控制下，将地理位置分散的许多独立的计算机系统连接在一起所形成的网络。

计算机网络的功能主要体现在**资源共享**、**数据通信**、**分布处理**三个方面。

1. 资源共享

在计算机网络中，各种资源可以相互通用，用户可以共同使用网络中的软件、硬件和数据。资源共享是计算机网络最主要的功能。

资源共享包括硬件资源共享、软件资源共享和信息资源共享。

2. 数据通信（又称信息传送）

计算机网络可以实现各计算机之间的数据传送，可以根据需要对这些数据进行集中与分散管理，它是计算机网络的基本功能之一。

3. 分布处理

当计算机中的某个计算机系统负荷过重时，可以将其处理的任务传送到网络中较空闲的其他计算机系统中，以提高整个系统的利用率。

考点 2　计算机网络的分类

按照覆盖的地理范围进行分类，计算机网络可以分为局域网、城域网和广域网三类。

1. 局域网（LAN）

局域网是一种在小区域内使用的，由多台计算机组成的网络，覆盖范围通常局限在10千米范围之内，属于一个单位或部门组建的小范围网，通常由单位自行组建并专用。

2. 城域网（MAN）

城域网是作用范围在广域网与局域网之间的网络，其网络覆盖范围通常可以延伸到整个城市，借助通信光纤将多个局域网联通公用城市网络形成大型网络，使得不仅局域网内的资源可以共享，局域网之间的资源也可以共享。

3. 广域网（WAN）

广域网是一种远程网，涉及长距离的通信，覆盖范围可以是一个国家或多个国家甚至整个世界。由于广域网地理上的距离可以超过几千千米，所以信息衰减非常严重，这种网络一般要租用专线，通过接口信息处理协议和线路连接起来，构成网状结构，解决寻径问题。

互联网（Internet）被视为目前世界上最大的广域网。

总结：

（1）按照覆盖的地理范围进行分类，计算机网络可以分为局域网、城域网和广域网三类。

（2）局域网在小区域内使用的，覆盖范围通常局限在10千米范围之内。

（3）城域网的网络覆盖范围通常可以延伸到整个城市。

（4）广域网的网络覆盖范围可以是一个国家或多个国家，甚至整个世界。

（5）互联网（Internet）被视为目前世界上最大的广域网。

二、会计信息系统的网络组成部分

考点　会计信息系统的网络组成部分

1. 服务器

服务器也称伺服器，是网络环境中的高性能计算机，它侦听网络上的其他计算机（客户机）提交的服务请求，并提供相应的服务，控制客户端计算机对网络资源的访问，并能存储、处理网络上大部分的会计数据和信息。服务器的性能必须适应会计软件的运行要求，其硬件配置一般高于普通客户机。

2. 客户机

客户机又称用户工作站，是连接到服务器的计算机，能够享受服务器提供的各种资源和服务。会计人员通过客户机使用会计软件，因此客户机的性能也必须适应会计软件的运行要求。

3. 网络连接设备

网络连接设备是把网络中的通信线路连接起来的各种设备的总称，这些设备包括中继器、交换机和路由器等。

典型例题

【例题1·单选题】计算机网络按其所覆盖的地理范围的大小不同，其类型可分为（　）。

A. 局域网、广域网和万维网　　　　　B. 局域网、广域网和国际互联网

C. 局域网、广域网和城域网　　　　　D. 广域网、互联网和万维网

【答案】C

【解析】计算机网络按覆盖的地理范围进行划分，可分为广域网、局域网和城域网。

【例题2·单选题】（　）是指按一定的方式组织起来的数据的集合。

A. 操作系统　　　B. 数据库　　　C. 支撑软件　　　D. 语言处理软件

【答案】B

【解析】数据库是指按一定的方式组织起来的数据的集合，它具有数据冗余度小、可共享等特点。

【例题3·多选题】计算机网络的主要功能体现在（　）。

A. 资源共享　　　B. 数据通信　　　C. 分布处理　　　　D. 数据存储

【答案】ABC

【解析】数据存储是存储设备的功能。

【例题4·判断题】汇编语言在计算机中不需要编译，能直接执行（　）。

【答案】×

【解析】汇编语言需要用汇编程序进行翻译，翻译成计算机硬件能够直接识别和执行的机器指令代码。

第四节　会计软件的安全

考纲重点分布

四、会计软件的安全	1. 安全使用会计软件的基本要求	掌握
	2. 计算机病毒的防范	掌握
	3. 计算机黑客的防范	掌握

考点精解

一、安全使用会计软件的基本要求

考点　安全使用会计软件的基本要求

常见的非规范化操作包括密码与权限管理不当、会计档案保存不当、未按照正常操作规范运行软件等。这些操作可能威胁会计软件的安全运行。

1. 严格管理账套使用权限

在使用会计软件时，用户应该对账套使用权限进行严格管理，防止数据外泄；用户不能随便让他人使用电脑；在离开电脑时，必须立即退出会计软件，以防止他人偷窥系统数据。

2. 定期打印备份重要的账簿和报表数据

为防止硬盘上的会计数据遭到意外或被人为破坏，用户需要定期将硬盘数据备份到其他磁性介质上（如 U 盘、光盘等）。在月末结账后，对本月重要的账簿和报表数据还应该打印备份。

3. 严格管理软件版本升级

对会计软件进行升级的原因主要有：因改错而升级版本；因功能改进和扩充而升级版本；因运行平台升级而升级版本。经过对比审核，如果新版软件更能满足实际需要，企业应该对其进行升级。

总结：

安全使用会计软件的基本要求：

（1）严格管理账套使用权限。

（2）定期打印备份重要的账簿和报表数据。

（3）严格管理软件版本升级。

二、计算机病毒的防范

计算机病毒是指编制者在计算机程序中插入的破坏计算机功能或数据，影响计算机使用并且能够自我复制的一组计算机指令或程序代码。

考点1　计算机病毒的特点

（1）寄生性。病毒可以寄生在正常的程序中，跟随正常程序一起运行。

（2）传染性。病毒可以通过不同途径传播。

（3）潜伏性。病毒可以事先潜伏在电脑中不发作，然后在某一时间集中大规模爆发。

（4）隐蔽性。病毒未发作时不易被发现。

（5）破坏性。病毒可以破坏电脑，造成电脑运行速度变慢、死机、蓝屏等问题。

（6）可触发性。病毒可以在条件成熟时被触发。

考点2　计算机病毒的类型

1. 按计算机病毒的破坏能力分类

计算机病毒可分为良性病毒和恶性病毒。良性病毒是指那些只占有系统 CPU 资源，但不破坏系统数据，不会使系统瘫痪的计算机病毒。与良性病毒相比，恶性病毒对计算机系统的破坏力更大，包括删除文件、破坏盗取数据、格式化硬盘、使系统瘫痪等。

2. 按计算机病毒存在的方式分类

计算机病毒可分为引导型病毒、文件病毒和网络病毒。引导型病毒是在系统开机时进入内存后控制系统，进行病毒传播和破坏活动的病毒；文件型病毒是感染计算机存储设备中的可执行文件，当执行该文件时，再进入内存，控制系统，进行病毒传播和破坏活动的病毒；网络病毒是通过计算机网络传播感染网络中的可执行文件的病毒。

总结：

（1）按计算机病毒的破坏能力分类可分为良性病毒和恶性病毒。

（2）按计算机病毒存在的方式分类可分为引导型病毒、文件病毒和网络病毒。

考点3　导致病毒感染的人为因素

1. 不规范的网络操作

不规范的网络操作可能导致计算机感染病毒。其主要途径包括浏览不安全网页、下载被病毒感染的文件或软件，接收被病毒感染的电子邮件、使用即时通信工具等。

2. 使用被病毒感染的磁盘

使用来历不明的硬盘和 U 盘，容易使计算机感染病毒。

考点4　感染计算机病毒的主要症状

当计算机感染病毒时，系统会表现出一些异常症状，主要有：

（1）系统启动时间比平时长，运行速度减慢。

（2）系统经常无故发生死机现象。

（3）系统异常重新启动。

（4）计算机存储系统的存储容量异常减少，磁盘访问时间比平时长。

（5）系统不识别硬盘。

（6）文件的日期、时间、属性、大小等发生变化。

（7）打印机等一些外部设备工作异常。

（8）程序或数据丢失或文件损坏。

（9）系统的蜂鸣器出现异常响声。

（10）其他异常现象。

考点5　防范计算机病毒的措施

防范计算机病毒的措施主要有：

（1）规范使用 U 盘的操作。在使用外来 U 盘时应该首先用杀毒软件检查是否有病毒，确认无病毒后再使用。

（2）使用正版软件，杜绝购买盗版软件。

（3）谨慎下载与接收网络上的文件和电子邮件。

（4）经常升级杀毒软件。

（5）在计算机上安装防火墙。

（6）经常检查系统内存。

（7）计算机系统要专机专用，避免使用其他软件。

考点6　计算机病毒的检测与清除方法

1. 计算机病毒的检测

发现病毒是清除病毒的前提。计算机病毒的检测方法通常有两种：

（1）人工检测。通过一些软件工具进行病毒检测。这种方法需要检测者熟悉机器指令和操作系统，因而不易普及。

（2）自动检测。通过一些诊断软件来判断一个系统或一个软件是否有计算机病毒。自动检测比较简单，一般用户都可以进行。

2. 计算机病毒的清除

对于一般用户而言，清除病毒一般使用杀毒软件进行。杀毒软件可以同时清除多种病毒，并且对计算机中的数据没有影响。

三、计算机黑客的防范

计算机黑客是指通过计算机网络非法进入他人系统的计算机入侵者。他们对计算机技术和网络技术非常精通，能够了解系统的漏洞及其原因所在，通过非法闯入计算机网络来窃取机密信息，毁坏某个信息系统。

考点1　黑客常用手段

1. 密码破解

黑客通常采用的攻击方式有字典攻击、假登录程序、密码探测程序等，主要目的是获取系统或用户的口令文件。

2. IP嗅探与欺骗

IP嗅探是一种被动式攻击，又称网络监听。它通过改变网卡的操作模式来接收流经计算机的所有信息包，以便截取其他计算机的数据报文或口令。

欺骗是一种主动式攻击，它将网络上的某台计算机伪装成另一台不同的主机，目的是使网络中的其他计算机误将冒名顶替者当成原始的计算机而向其发送数据。

3. 攻击系统漏洞

系统漏洞是指程序在设计、实现和操作上存在的错误。黑客利用这些漏洞攻击网络中的目标计算机。

4. 端口扫描

由于计算机与外界通信必须通过某个端口才能进行。黑客可以利用一些端口扫描软件对被攻击的目标计算机进行端口扫描，搜索到计算机的开放端口并进行攻击。

总结：

黑客常用手段有密码破解、IP嗅探与欺骗、攻击系统漏洞、端口扫描。

考点2　防范黑客的措施

1. 制定相关法律法规加以约束

随着网络技术的形成和发展，有关网络信息安全的法律法规相继诞生，并有效规范和约束与网络信息传递相关的各种行为。

2. 数据加密

数据加密的目的是保护系统内的数据、文件、口令和控制信息，同时也可以提高网上传输数据的可靠性。

3. 身份认证

系统可以通过密码或特征信息等来确认用户身份的真实性，只对确认了身份的用户给予相应的访问权限，从而降低黑客攻击的可能性。

4. 建立完善的访问控制策略

系统应该设置进入网络的访问权限、目录安全等级控制、网络端口和节点的安全控制、防火墙的安全控制等。通过各种安全控制机制的相互配合，才能最大限度地保护计算机系统免受黑客的攻击。

总结：

防范黑客的措施：

（1）制定相关法律法规加以约束。

（2）数据加密。

（3）身份认证。

（4）建立完善的访问控制策略。

典型例题

【例题1·单选题】下列不属于计算机病毒等的特点是（ ）。

A. 隐蔽性　　　　B. 感染性　　　　C. 危险性　　　　D. 潜伏性

【答案】C

【解析】计算机病毒的特点包括：寄生性、传染性、潜伏性、隐蔽性、破坏性和可触发性。

【例题2·多选题】安全使用会计软件的基本要求有（ ）。

A. 严格管理账套使用权限

B. 严格管理软件版本升级

C. 定期打印备份重要的账簿和报表数据

D. 防范计算机病毒和计算机黑客攻击

【答案】ABC

【解析】安全使用会计软件的基本要求：严格管理账套使用权限；定期打印备份重要的账簿和报表数据；严格管理软件版本升级。

【例题3·多选题】黑客的常用手段有（ ）。

A. 密码破解　　　　B. IP嗅探与欺骗　　　　C. 攻击系统漏洞　　　　D. 端口扫描

【答案】ABCD

【解析】黑客常用的手段：密码破解、IP嗅探与欺骗、攻击系统漏洞、端口扫描。

【例题4·多选题】防范黑客的措施有（ ）。

A. 制定相关法律法规加以约束　　　　　　B. 身份认证

C. 计算机系统要专机专用　　　　　　　　D. 建立完善的访问控制策略

【答案】ABD

【解析】选项C属于防范计算机病毒的措施。

【例题5·多选题】下列各项中属于计算机病毒防范措施的有（ ）。

A. 规范使用U盘的操作

B. 减少盗版软件的购买

C. 在装有会计软件的电脑上，安装游戏软件

D. 经常升级杀毒软件

【答案】AD

【解析】选项 B，应该使用正版软件，杜绝购买盗版软件；选项 C，计算机系统要专机专用，避免使用其他软件。

第三章　会计软件的应用

章节简介

本章主要介绍了会计软件的应用，包括系统初始化操作、账务处理模块的操作、固定资产管理模块的操作、工资管理模块的操作、应收管理模块的操作、应付管理模块的操作及报表管理模块的操作。本章是学习本门课程的重点，以实务操作为主，理论知识为辅。

第一节　会计软件的应用流程

考纲重点分布

一、会计软件的应用流程	1. 系统初始化	掌握
	2. 日常处理	掌握
	3. 期末处理	了解
	4. 数据管理	掌握

考点精解

会计软件的应用流程一般包括系统初始化、日常处理和期末处理等环节。

一、系统初始化

考点 1　系统初始化的特点和作用

系统初始化是系统首次使用时，根据企业的实际情况进行参数设置，并录入基础档案与初始数据的过程。

系统初始化是会计软件运行的基础。它将通用的会计软件转变为满足特定企业需要的系统，使手工环境下的会计核算和数据处理工作得以在计算机环境下延续和正常运行。

系统初始化在系统初次运行时一次性完成，但部分设置可以在系统使用后进行修改。

系统初始化将对系统的后续运行产生重要影响，因此系统初始化工作必须完整且尽量满足企业的需求。

考点2　系统初始化的内容

系统初始化的内容包括系统级初始化和模块级初始化。

1. 系统级初始化

系统级初始化是设置会计软件所公用的数据、参数和系统公用基础信息，其初始化的内容涉及多个模块的运行，不特定专属于某个模块。

系统级初始化内容主要包括创建账套并设置相关信息、增加操作员并设置权限、设置系统公用基础信息。

2. 模块级初始化

模块级初始化是设置特定模块运行过程中所需要的参数、数据和本模块的基础信息，以保证模块按照企业的要求正常运行。

模块级初始化内容主要包括：设置系统控制参数、设置基础信息、录入初始数据。

二、日常处理

考点1　日常处理的含义

日常处理是指在每个会计期间内，企业日常运营过程中重复、频繁发生的业务处理过程。

考点2　日常处理的特点

（1）日常业务频繁发生，需要输入的数据量大。

（2）日常业务在每个会计期间内重复发生，所涉及金额不尽相同。

三、期末处理

考点1　期末处理的含义

期末处理是指在每个会计期间的期末所要完成的特定业务，是对企业本期业务的封存、结转，只在期末进行，并对下月数据进行初始化。期末结账后，将不能再处理结账前月份的所有业务。

考点2　期末处理的特点

（1）有较为固定的处理流程。

（2）业务可以由计算机自动完成。

四、数据管理

在会计软件应用的各个环节均应注意对数据的管理。会计信息系统中的数据管理包括数据备份和数据还原。

考点1　数据备份

数据备份是指将会计软件的数据输出保存在其他存储介质上，以备后续使用。数据备份主要包括账套备份、年度账备份等。

考点2　数据还原

数据还原又称数据恢复，是指将备份的数据使用会计软件恢复到计算机硬盘上。它与数据备份是一个相反的过程。数据还原主要包括账套还原、年度账还原等。

只有系统管理员才能进行企业账套的备份和还原；只有企业的账套主管才能进行本企业年度账的备份和还原。

典型例题

【例题1·单选题】（　　）是系统首次使用时，根据企业的实际情况进行参数设置，并录入基础档案与初始数据的过程。

A. 系统重置　　　B. 系统初始化　　　C. 日常处理　　　D. 期末处理

【答案】B

【解析】系统初始化是系统首次使用时，根据企业的实际情况进行参数设置，并录入基础档案与初始数据的过程。

【例题2·单选题】将备份的数据使用会计软件恢复到计算机硬盘上的过程被称为（　　）。

A. 数据还原　　　B. 数据备份　　　C. 数据分析　　　D. 数据处理

【答案】A

【解析】数据还原又称数据恢复，是指将备份的数据使用会计软件恢复到计算机硬盘上。

【例题3·多选题】会计软件应用流程一般包括（　　）。

A. 期末处理　　　　　　　　　　　　B. 日常处理

C. 系统初始化　　　　　　　　　　　D. 结账和编辑财务报表

【答案】ABC

【解析】会计软件应用流程一般包括系统初始化、日常处理、期末处理等环节。

第二节　系统级初始化

考纲重点分布

二、系统级初始化	1. 创建账套并设置相关信息	掌握
	2. 管理用户并设置权限	掌握
	3. 设置系统公用基础信息	掌握

考点精解

系统级初始化包括创建账套并设置相关信息、增加操作员并设置权限、设置系统公用基础信息等内容。

一、创建账套并设置相关信息

考点1 创建账套

账套是指存放会计核算对象的所有会计业务数据文件的总称，账套中包含的文件有会计科目、记账凭证、会计账簿、会计报表等。一个账套只能保存一个会计核算对象的业务资料，这个核算对象可以是企业的一个分部，也可以是整个企业集团。

建立账套是指在会计软件中为企业建立一套符合核算要求的账簿体系。在同一会计软件中可以建立一个或多个账套。

考点2 设置账套相关信息

建立账套时需要根据企业的具体情况和核算要求设置相关信息。账套信息主要包括账套号、企业名称、企业性质、会计期间、记账本位币（即本位币代码和本位币名称）等。

考点3 账套参数的修改

账套建立后，企业可以根据业务需要对某些已经设定的参数内容进行修改。如果账套参数内容已被使用，进行修改可能会造成数据的紊乱，因此，对账套参数的修改应当谨慎。账套建立后，账套名称、本位币、启用的会计期间等信息不能进行修改。

【例3-1】建立账套

账套名称：北京通达科技有限公司

会计制度：企业会计制度

所属行业：新会计准则

预设科目：采用系统预设的科目

本位币编码：RMB；本位币名称：人民币

会计年度：2015年；账套启用日期：2015-01-01

操作步骤：

（1）执行"系统——新建账套"命令，打开"新建账套"对话框，输入账套名称。如图3-1所示。

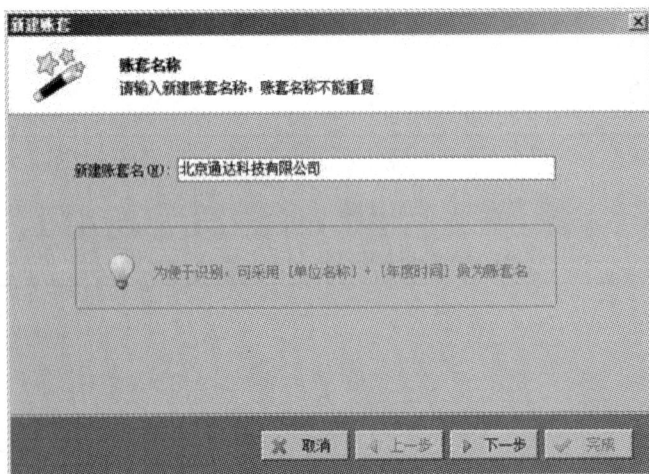

图3-1 新建账套

（2）单击"下一步"按钮，选择账套所采用的会计制度"企业会计制度"，单击"下一步"按钮，选择所属行业：新会计准则，单击"下一步"按钮，生成预设科目，单击"下一步"按钮，设置本位币信息，单击"下一步"按钮，设置会计期间。

（3）单击"完成"按钮，建立账套操作完毕。

二、管理用户并设置权限

考点1 管理用户

用户是指有权登录系统，对会计软件进行操作的人员。管理用户主要是指将合法的用户增加到系统中，设置其用户名和初始密码或对不再使用系统的人员进行注销其登录系统的权限等操作。

用户的管理包括增加、修改和删除用户。只有系统管理员有权限增加用户。增加系统用户时，必须明确关于操作员的特征信息：编号、姓名、口令和所属部门。

考点2 设置权限

在增加用户后，一般应该根据用户在企业核算工作中所担任的职务、分工来设置、修改其对各功能模块的操作权限。通过设置权限，用户不能进行没有权限的操作，也不能查看没有权限的数据。

财务软件中，系统管理员和账套主管，两者都有权设置操作员的权限。所不同的是，系统管理员可以指定或取消某一操作员为一个账套的主管，也可以对系统内所有账套的操作员进行授权；账套主管的权限仅限于他所管辖的账套，在该账套内，账套主管默认拥有全部操作权限，可以针对本账套的操作员进行权限设置。账套主管自动拥有该账套的所有权限。

【例3-2】增加操作员并设置操作员的操作权限。操作员资料如表3-1所示。

表3-1 操作员资料

姓名	口令	权　限
李红	1	全部模块权限
刘丽	2	固定资产模块、工资管理模块、账务处理模块、应收管理模块的权限

操作步骤：

（1）执行"系统管理——用户管理"命令或"设置——用户管理"命令，进入"操作员列表"窗口。如图3-2所示。

（2）单击"新增"按钮，打开"新增操作员"对话框。

（3）输入操作员信息，单击"确定"按钮进行保存。如图3-3所示。

（4）同理设置操作员刘丽的信息，全部增加完毕，单击"关闭"按钮。如图3-4所示。

【提示】

（1）操作员编号在系统中必须唯一，即使是不同的账套，操作员编号也不能重复。

（2）设置操作员口令时，为保密起见，输入的口令以"＊"号在屏幕上显示。

（3）所设置的操作员用户一旦被引用，便不能被修改和删除。

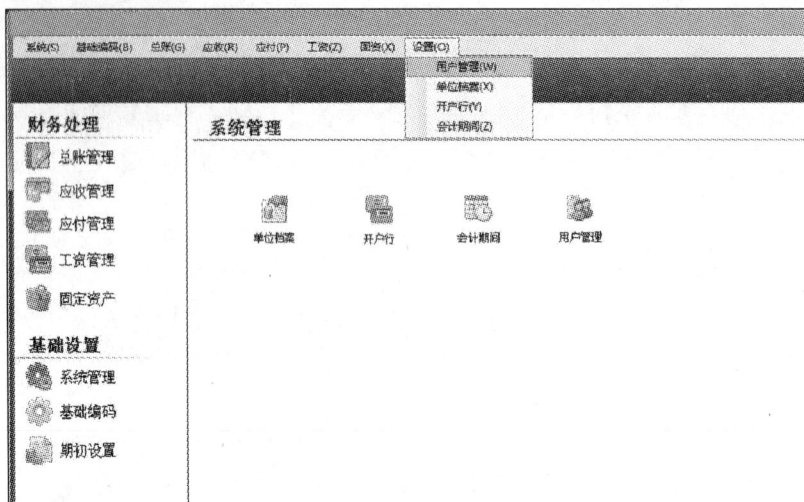

图 3 - 2　用户管理

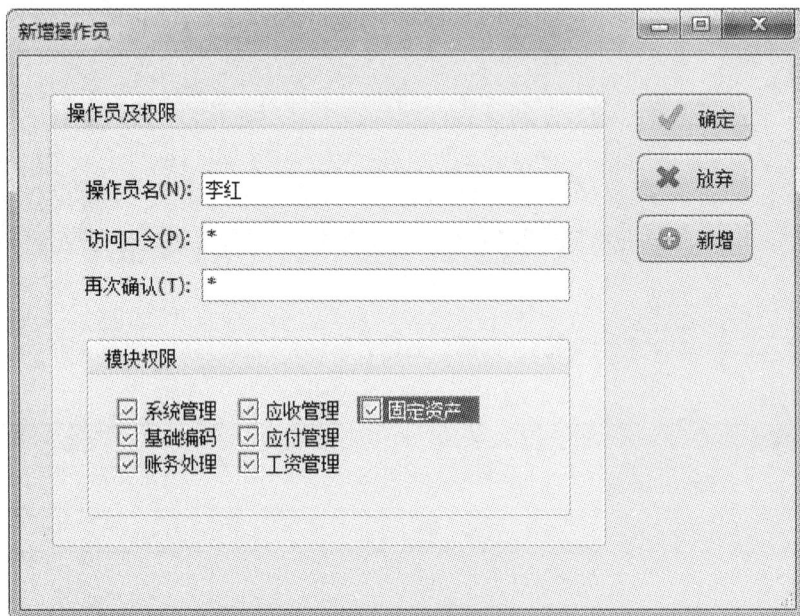

图 3 - 3　新增操作员

图 3 - 4　操作员列表

三、设置系统公用基础信息

设置系统公用基础信息包括设置编码方案、基础档案、收付结算信息、凭证类别、外币和会计科目等。

考点1 设置编码方案

设置编码方案是指设置具体的编码规则，包括编码级次、各级编码长度及其含义。其目的在于方便企业对基础数据的编码进行分级管理。设置编码的对象包括部门、职员、客户、供应商、科目、存货分类、成本对象、结算方式和地区分类等。编码符号能唯一地确定被标识的对象。

考点2 设置基础档案

设置基础档案是后续进行具体核算、数据分类、汇总的基础，其内容一般包括设置企业部门档案、职员信息、往来单位信息、项目信息等。

1. 设置企业部门档案

设置企业部门档案一般包括输入部门编码、名称、属性、负责人、电话、传真等。其目的是方便会计数据按照部门进行分类汇总和会计核算。

【例3-3】增加部门档案。部门档案资料如表3-2所示。

表3-2 部门档案

部门编码	部门名称
1	管理部
2	销售部
3	采购部

操作步骤：

（1）执行"基础编码——部门"命令，打开"部门"对话框。

（2）单击"增加"按钮，打开"新增部门"对话框，输入部门信息。如图3-5所示。

图3-5 新增部门

（3）单击"确定"按钮，保存增加的信息。同理设置其他部门信息，全部增加完毕，单击"关闭"按钮。如图3-6所示。

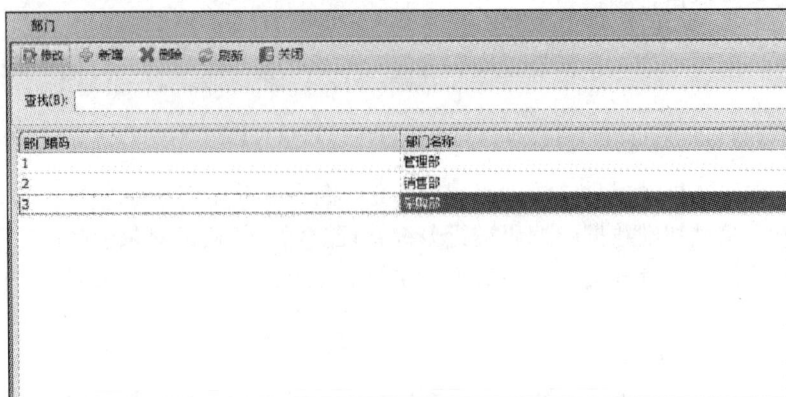

图3-6 新增部门列表

2. 设置职员信息

设置职员信息一般包括输入职员编号、姓名、性别、所属部门、身份证号等，其目的在于方便进行个人往来核算和管理等操作。

【例3-4】增加职员信息。职员档案资料如表3-3所示。

表3-3 职员档案

职员编码	职员名称	性别	所属部门
101	赵飞	男	销售部
201	李明	男	采购部
301	刘丽	女	管理部

操作步骤：

（1）执行"基础编码——职员"命令，打开"职员"对话框。

（2）单击"新增"按钮，打开"新增职员"对话框，输入职员信息。如图3-7所示。

（3）单击"确定"按钮，保存增加的信息，同理设置其他职员信息，全部增加完毕，单击"关闭"按钮。如图3-8所示。

3. 设置往来单位信息

往来单位包括客户与供应商。

设置客户信息是指对与企业有业务往来核算关系的客户进行分类并设置其基本信息，一般包括输入客户编码、分类、名称、开户银行、联系方式等。其目的是方便企业录入、统计和分析客户数据与业务数据。

【例3-5】增加单位类型和客户档案，单位类型和客户档案资料如表3-4、表3-5所示。

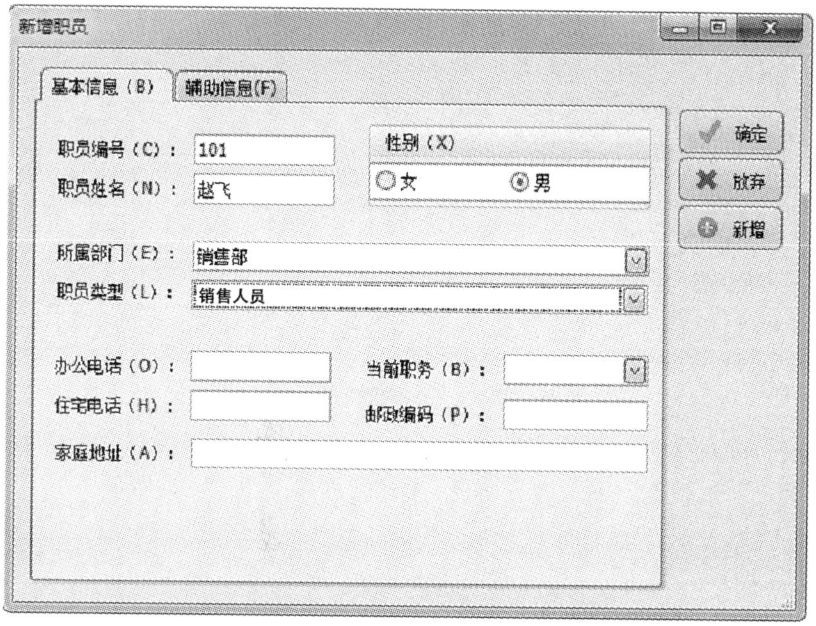

图 3 - 7 新增职员

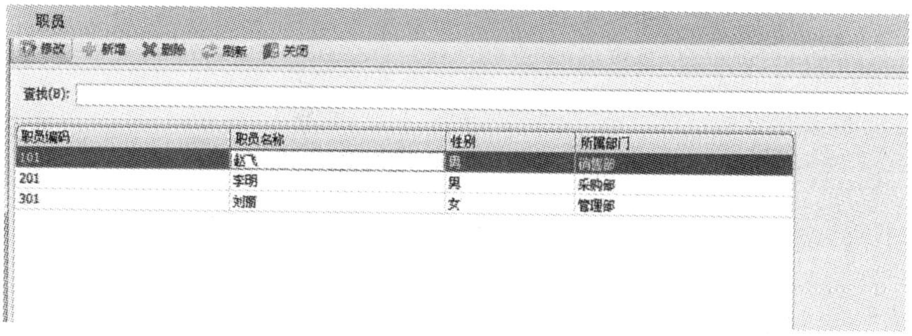

图 3 - 8 新增职员列表

表 3 - 4 单位类型

单位类型编码	单位类型名称
01	本省
02	外省

表 3 - 5 客户档案

客户编码	客户名称	单位类型
001	兴和公司	本省
002	华美公司	外省

操作步骤:

(1) 执行"基础编码——单位类型"命令, 打开"单位类型"对话框, 单击"新增"按钮，打开"新增单位类型"对话框，输入单位类型信息，单击"确定"按钮保存。
如图3－9所示。

图3－9　单位类型

（2）执行"基础编码——客户"命令，打开"客户"对话框，单击"新增"按钮，
打开"新增客户"对话框，输入客户信息。如图3－10、图3－11所示。

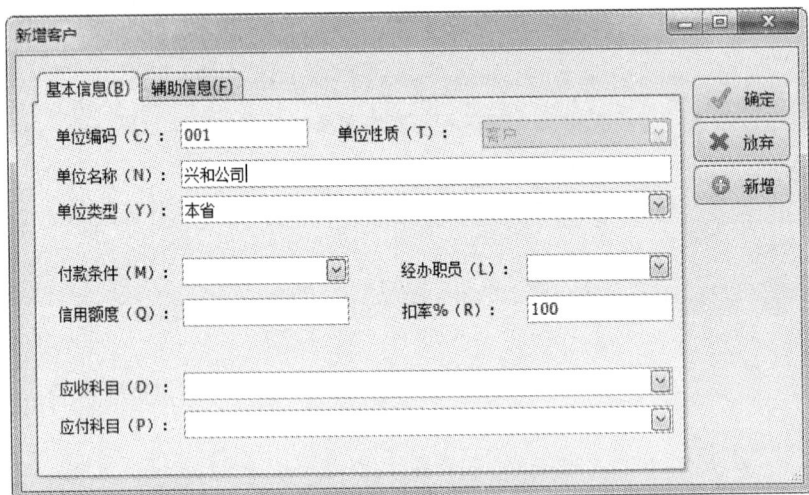

图3－10　设置客户档案（1）

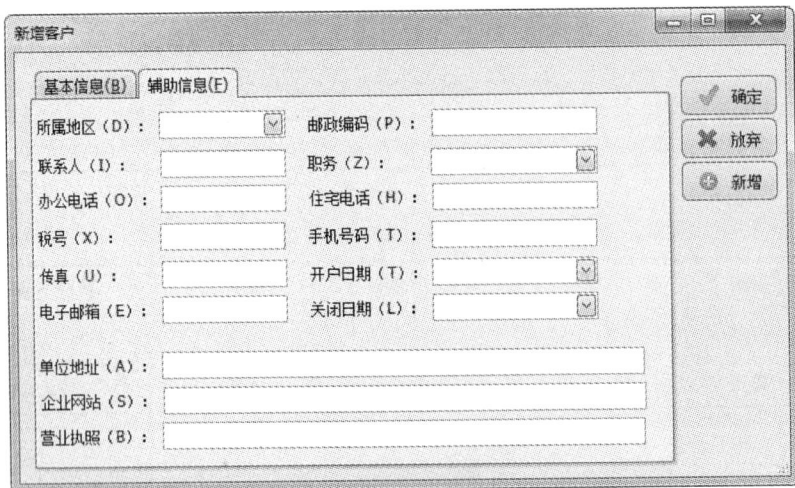

图3－11　设置客户档案（2）

（3）单击"确定"按钮，保存增加的信息，同理设置其他客户信息。

设置供应商信息是指对与企业有业务往来核算关系的供应商进行分类并设置其基本信息，一般包括输入供应商编码、分类、名称、开户银行、联系方式等。其目的是方便企业对采购、库存、应付账款等进行管理。

【例3-6】增加供应商档案，供应商档案资料如表3-6所示。

表3-6 供应商档案

供应商编码	供应商名称	单位类型
01	科瑞有限公司	本省
02	兴盛有限公司	外省

操作步骤：

（1）执行"基础编码——供应商"命令，打开"供应商"对话框。

（2）单击"新增"按钮，打开"新增供应商"对话框，输入供应商信息。如图3-12、图3-13所示。

（3）单击"确定"按钮，保存增加的信息，同理设置其他供应商信息。

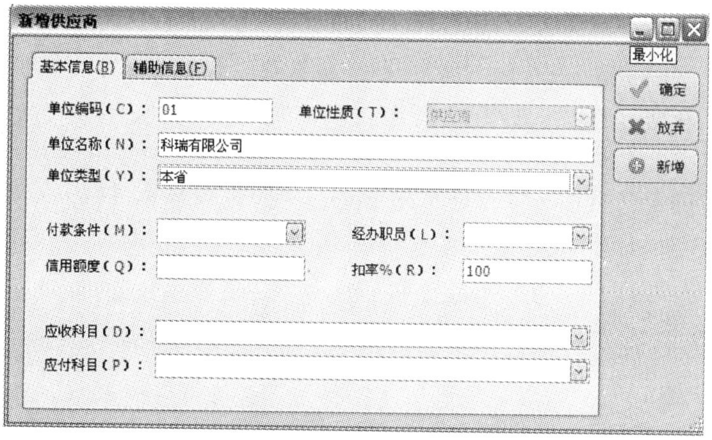

图3-12 设置供应商档案（1）

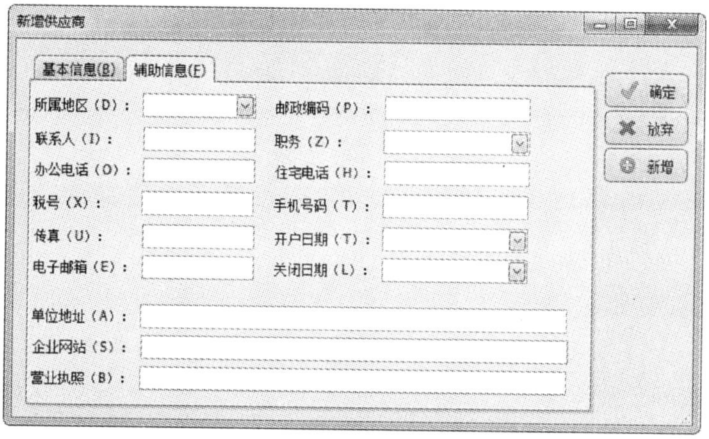

图3-13 设置供应商档案（2）

4. 设置项目信息

项目是指一个特定的核算对象或成本归集对象。企业需要对涉及该项目的所有收入、费用、支出进行专项核算和管理。设置项目信息，一般包括定义核算项目，建立项目档案，输入其名称、代码等。

考点3 设置收付结算方式

设置收付结算方式一般包括设置结算方式编码、结算方式名称等。其目的是建立和管理企业在经营活动中所涉及的货币结算方式，方便银行对账、票据管理和结算票据的使用。

【例3-7】设置结算方式。结算方式资料如表3-7所示。

表3-7 结算方式

结算方式编码	结算方式名称	票据管理
1	现金	否
2	转账支票	是
3	银行汇票	是

操作步骤：

(1) 执行"基础编码——付款方式"命令，打开"付款方式"对话框。

(2) 单击"新增"按钮，打开"新增付款方式"对话框，输入付款方式信息。如图3-14所示。

(3) 单击"确定"按钮，保存增加的信息，同理设置其他付款方式信息，全部增加完毕如图3-15所示。

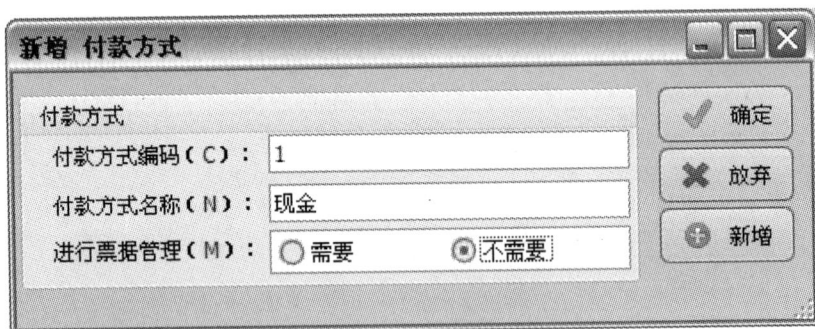

图3-14 新增付款方式

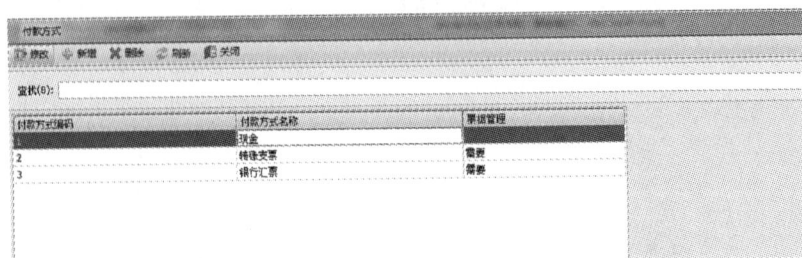

图3-15 新增付款方式列表

考点4 设置凭证类别

设置凭证类别是指对记账凭证进行分类编制。用户可以按照企业的需求选择或自定义凭证类别。

凭证类别设置完后，用户应该设置凭证类别限制条件和限制科目，两者组成凭证类别校验的标准，供系统对录入的记账凭证进行输入校验，以便检查录入的凭证信息和选择的凭证类别是否相符。

在会计软件中，系统通常提供的限制条件包括借方必有、贷方必有、凭证必有、凭证必无、无限制等。凭证类别的限制科目是指限制该凭证类别所包含的科目。在记账凭证录入时，如果录入的记账凭证不符合用户设置的限制条件或限制科目，则系统会提示错误，要求修改，直至符合为止。

【例3-8】设置凭证类别。资料如表3-8所示。

表3-8 凭证类别

类别	限制类别	限制科目
收款凭证	借方必有	1001，1002
付款凭证	贷方必有	1001，1002
转账凭证	凭证必无	1001，1002

操作步骤：

（1）执行"基础编码——凭证类型"命令，打开"记账凭证类型"对话框。

（2）选择"收款凭证，付款凭证，转账凭证"类型，单击"确定"按钮。

（3）进入"凭证类别列表"窗口，选择"收款凭证"，单击"修改"按钮，进行修改。如图3-16所示。

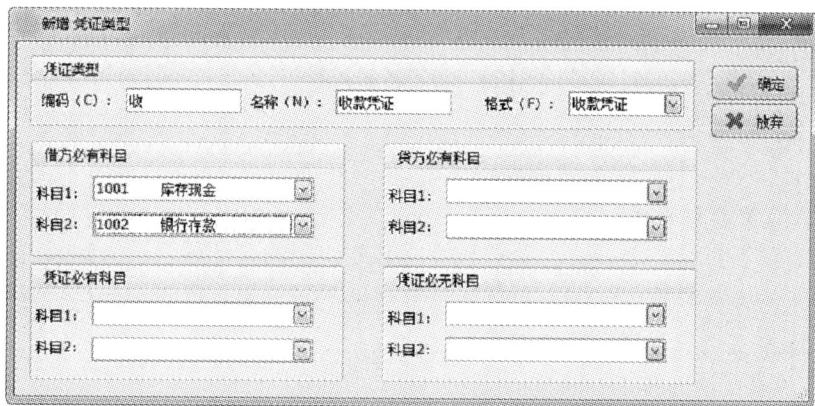

图3-16 凭证类别设置

（4）同理修改付款凭证和转账凭证的限制科目。

考点5 设置外币

设置外币是指当企业有外币核算业务时，设置所使用的外币币种、核算方法和具体汇率。用户可以增加、删除币别。通常在设置外币时，需要输入币符、币名、固定汇率或浮动汇率、记账汇率和折算方式等信息。

【例3-9】设置外币及汇率。资料如下：

币种编码：USD

币种名称：美元

汇率小数位：2

2015年1月1日美元记账汇率：6.12

折算方式：原币×汇率=本位币

操作步骤：

(1) 执行"基础编码——币种汇率"命令，打开"币种汇率"对话框。

(2) 单击"增加"按钮，打开"新增币种"对话框，输入相关信息，如图3-17所示。

图3-17 设置外币

(3) 单击"确定"按钮，对增加内容进行保存。

考点6 设置会计科目

设置会计科目就是将企业进行会计核算所需要使用的会计科目录入到系统中，并按照企业核算要求和业务要求，对每个科目的核算属性进行设置。设置会计科目是填制会计凭证、记账、编制报表等各项工作的基础。

1. 增加、修改或删除会计科目

系统通常会提供预置的会计科目。用户可以直接引入系统提供的预置会计科目，在此基础上根据需要，增加、修改、删除会计科目。如果企业所使用的会计科目与预置的会计科目相差较多，用户也可以根据需要自行设置全部会计科目。

增加会计科目时，应遵循先设置上级会计科目，再设置下级会计科目的顺序。会计科目编码、会计科目名称不能为空。增加的会计科目编码必须遵循会计科目编码方案。

删除会计科目时，必须先从末级会计科目删除。删除的会计科目不能为已经使用的会计科目。

2. 设置科目属性

（1）会计科目编码。按照会计科目编码规则进行。在对会计科目编码时，一般应遵守唯一性、统一性、扩展性和合法性原则。

（2）会计科目名称。从会计软件的要求来看，企业所使用的会计科目的名称可以是汉字、英文字母、数字等符号，但不能为空。

（3）会计科目类型。按照国家统一的会计准则制度要求，会计科目按其性质划分为资产类、负债类、共同类、所有者权益类、成本类和损益类共六种类型。用户可以选择一级会计科目所属的科目类型。如果增加的是二级或其以下会计科目，则系统将自动与其一级会计科目类型保持一致，用户不能更改。

（4）账页格式。用于定义该会计科目在账簿打印时的默认打印格式。一般可以分为普通三栏式、数量金额式、外币金额式等格式。当会计科目有数量核算时，账簿格式设置为"数量金额式"；当会计科目有外币核算要求时，账簿格式设置为"外币金额式"。

（5）外币核算。用于设定该会计科目核算是否有外币核算。

（6）数量核算。用于设定该会计科目是否有数量核算。如果有数量核算，则需设定数量计量单位。

（7）余额方向。用于定义该会计科目余额默认的方向。一般情况下，资产类、成本类、费用类会计科目的余额方向为借方，负债类、权益类、收入类会计科目的余额方向为贷方。

（8）辅助核算性质。用于设置会计科目是否有辅助核算。辅助核算的目的是实现对会计数据的多元分类核算，为企业提供多样化的信息。辅助核算一般包括部门核算、个人往来核算、客户往来核算、供应商往来核算、项目核算等。辅助核算一般设置在末级科目上。某一会计科目可以同时设置多种相容的辅助核算。

（9）日记账和银行账。用于设置会计科目是否有日记账、银行账核算要求。

【例3-10】会计科目的相关操作。如表3-9所示。

表3-9　会计科目及期初余额表

科目代码	科目名称	辅助核算	科目类型	方向	期初余额
1001	库存现金		资产	借	4000
1002	银行存款		资产	借	24000
1002-01	工行存款		资产	借	9000
1002-02	中行存款		资产	借	15000
1122	应收账款	单位	资产	借	20000
6602	管理费用		损益		
6602-01	办公费	部门	损益		
6602-02	差旅费	部门	损益		
6901	以前年度损益调整		损益		

要求:(1) 增加上述表中的明细科目。

(2) 修改相应科目的辅助核算项目,删除"6901以前年度损益调整"科目。

操作步骤:

(1) 增加会计科目。

1) 执行"基础编码——会计科目"命令,打开"会计科目"对话框。

2) 单击"新增"按钮,打开"新增会计科目"对话框,输入新增会计科目的信息。如图3-18所示。

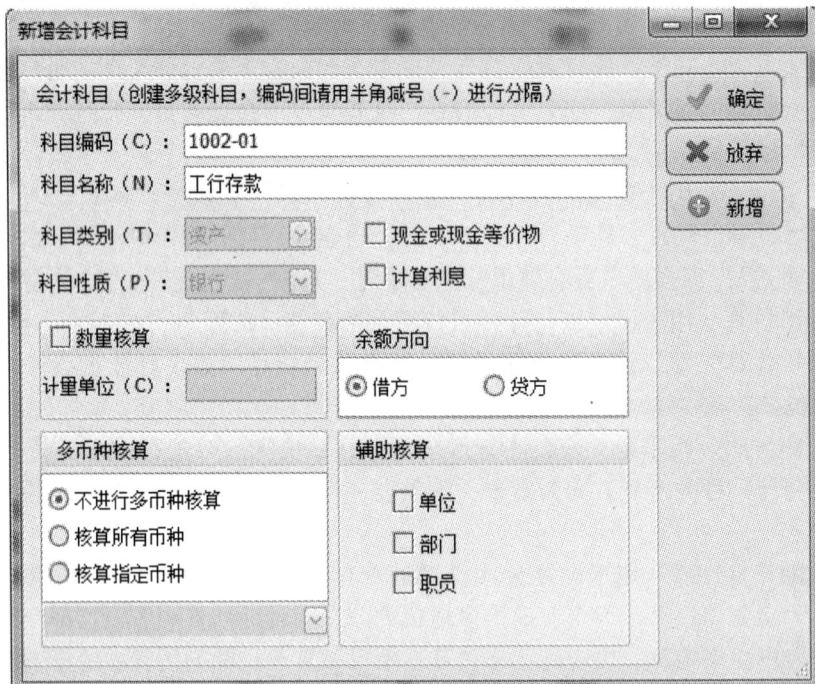

图3-18 新增会计科目

3) 单击"确定"按钮,对增加内容进行保存。同理增加其他会计科目,对于有辅助核算的会计科目也要相应设置其辅助核算的内容。

(2) 修改会计科目。

1) 在"会计科目"界面中,找到"1122应收账款"科目,按照要求进行修改。如图3-19所示。

2) 单击"确定"按钮,完成会计科目的修改。

(3) 删除会计科目。在"会计科目"界面中,找到"6901以前年度损益调整"科目,单击选择此科目,单击"删除"按钮,进行科目的删除。如图3-20所示。

【提示】

(1) 增加的会计科目编码长度及每段位数要符合编码规则。

(2) 科目已经使用,就不能再增设下级科目,只能增加同级科目。

(3) 由于会计科目的辅助核算对后面凭证输入操作产生影响,因此在建立会计科目时，要小心并反复检查。

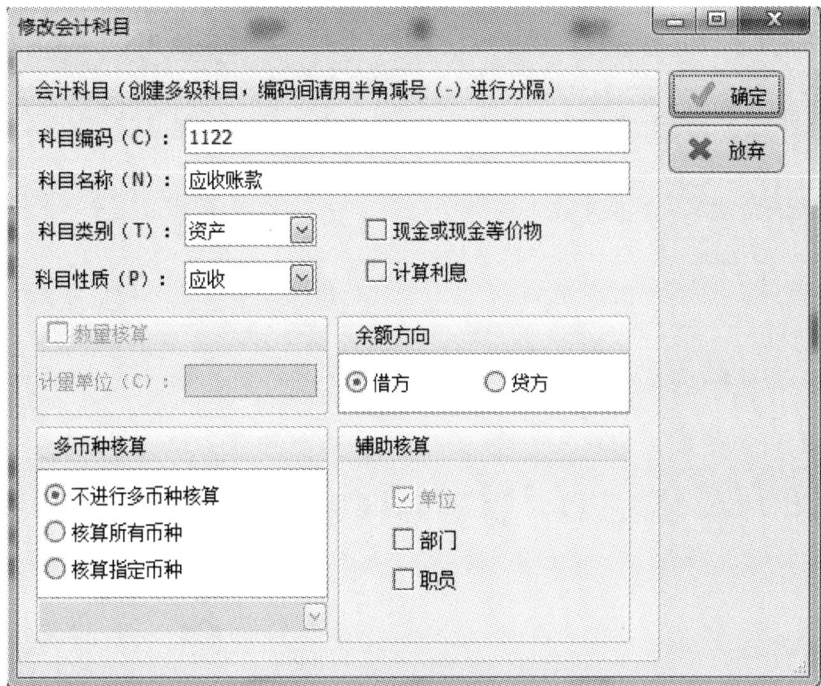

图 3 - 19　修改会计科目

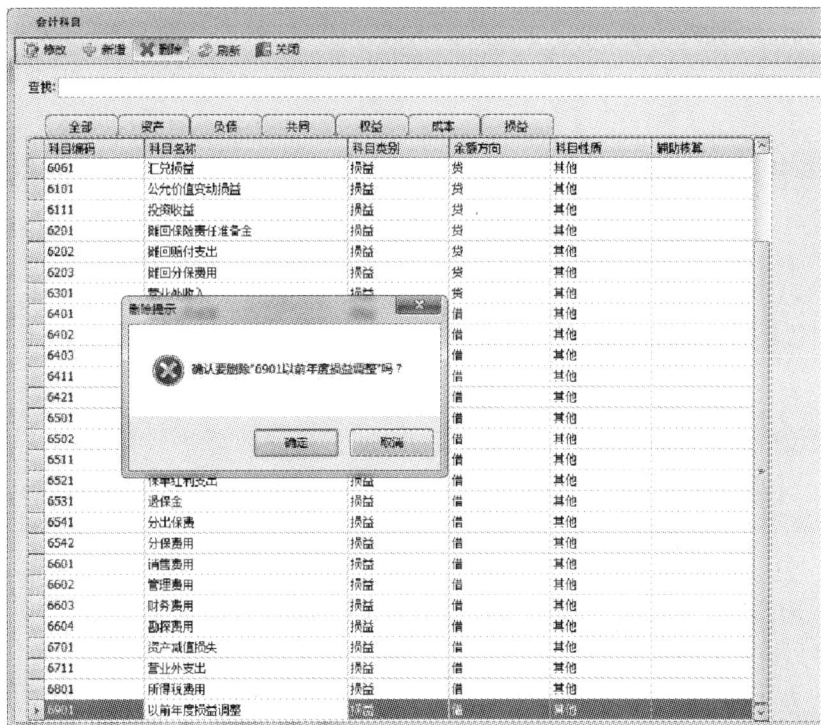

图 3 - 20　删除会计科目

典型例题

【例题1·单选题】建立会计科目时，辅助核算标志应设立在（   ）。

A. 上级科目   B. 末级科目

C. 末级科目或上级科目   D. 下级科目

【答案】B

【解析】辅助核算一般设置在末级科目上。

【例题2·多选题】企业往来单位包括（   ）。

A. 客户   B. 供应商   C. 部门   D. 项目

【答案】AB

【解析】往来单位包括客户和供应商。

第三节　账务处理模块的应用

考纲重点分布

三、账务处理模块的应用	1. 账务处理模块初始化工作	掌握
	2. 账务处理模块日化处理	掌握
	3. 账务处理模块期末处理	掌握

考点精解

账务处理模块是会计信息系统的一个子系统，也叫总账模块或总账处理系统，该模块在电算化会计信息系统中处于核心地位。

一、账务处理模块初始化工作

初始化工作是应用账务处理模块的基础工作，由用户根据本企业的需要建立账务应用环境，主要包括设置控制参数及会计科目初始数据等内容。

考点1　设置控制参数

在会计软件运行之前，企业应该根据国家统一的会计准则制度和内部控制制度来选择相应的运行控制参数，以符合企业核算的要求。在账务处理模块中，常见的参数设置包括凭证编号方式、是否允许操作人员修改他人凭证、凭证是否必须输入结算方式和结算号、现金流量科目是否必须输入现金流量项目、出纳凭证是否必须经过出纳签字、是否对资金及往来科目实行赤字提示等。

考点2　录入会计科目初始数据

会计科目初始数据录入是指第一次使用账务处理模块时，用户需要在开始日常核算工作前将会计科目的初始余额以及发生额等相关数据输入到系统中。

1. 录入会计科目期初余额

在系统中一般只需要对末级科目录入期初余额，系统会根据下级会计科目自动汇总生成上级会计科目的期初余额。如果会计科目设置了数量核算，用户还应该输入相应的数量和单价；如果会计科目设置了外币核算，用户应该先录入本币余额，再录入外币余额；如果会计科目设置了辅助核算，用户应该从辅助账录入期初明细数据，系统会自动汇总并生成会计科目的期初余额。

在期初余额录入完毕后，用户应该进行试算平衡，以检查期初余额的录入是否正确。一般情况下，由于初始化的工作量较大，在日常业务发生时可能初始化工作仍然没有完成，因此即使试算报告提示有误，仍可以输入记账凭证，但是不能记账。

2. 录入会计科目本年累计发生额

用户如在会计年度初建账，只需将各个会计科目的期初余额录入到系统中即可；用户如在会计年度中建账，则除了需要录入启用月份的月初余额外，还需录入本年度各会计科目截至上月份的累计发生额。系统一般能根据本月月初数和本年度截至上月份的借、贷方累计发生数，自动计算出本会计年度各会计科目的年初余额。

【例 3 –11】录入期初余额。

相关的科目期初余额见表 3 –9，辅助账期初余额资料如表 3 –10 所示。

表 3 –10 应收账款期初余额

客户	摘要	方向	金额
兴和公司	销售商品	借	8000
华美公司	销售商品	借	12000

操作步骤：

（1）执行"期初设置——科目期初"命令，进入"期初设置——科目期初"窗口。

（2）输入"1001 库存现金"科目的期初金额 4000，按回车键确认。如图 3 – 21 所示。

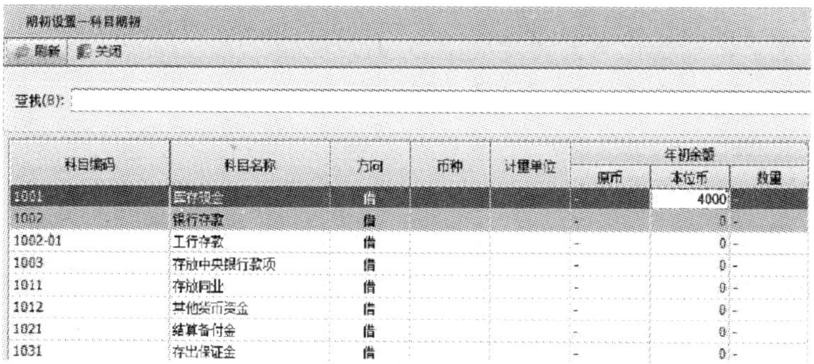

图 3 –21 期初余额录入——无辅助核算的科目

（3）同理输入其他无辅助核算科目的期初余额。

（4）双击"应收账款"的年初余额栏，进入"科目期初明细"窗口。进行应收账款明细科目期初的设置。如图 3-22 所示。

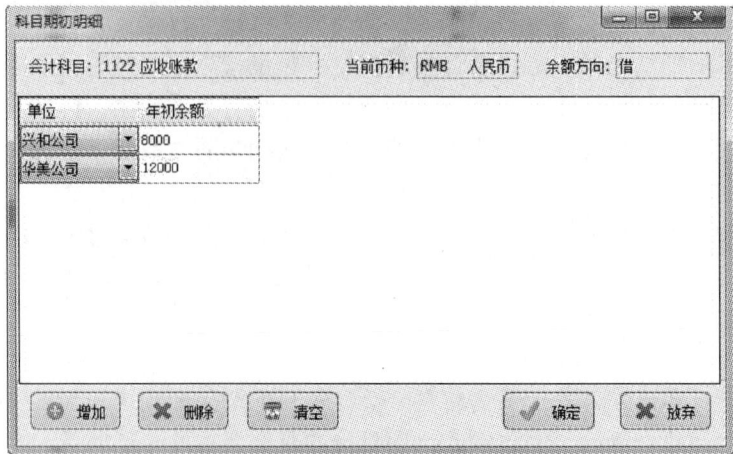

图 3-22 期初余额录入——带有辅助核算的科目

【提示】

(1) 这里提到的基本会计科目余额是指无辅助核算科目的期初余额。

(2) 期初余额只能在最末明细科目上输入，上级科目的期初余额将自动计算并填列。

(3) 期初余额试算不平衡，将不能记账，但可以填制凭证。

(4) 已经记过账，则不能再输入、修改期初余额。

二、账务处理模块日常处理

考点 1　凭证管理

1. 凭证录入

(1) 凭证录入的内容。包括凭证类别、凭证编号、制单日期、附件张数、摘要、会计科目、发生金额、制单人等。

1) 凭证类别：按初始化时设置的凭证类别进行选择。

2) 凭证编号：同一类凭证每月从 1 号凭证开始连续编号，不允许重号或缺号，在"系统自动编号"模式下，由系统分类按月自动编制，在"手工编号"模式下，则可以手工录入凭证编号。

3) 制单日期：填制凭证的日期。系统自动取进入账务处理系统时输入的登录日期为记账凭证填制的日期，可进行修改。凭证的制单日期不得早于账套启用日期，不得晚于计算机系统日期，如果进行了制单序时控制，那么对于同一类别的记账凭证，后一张凭证的制单日期不得早于前一张凭证的制单日期，否则系统将视为逻辑错误要求修改。

4) 附件张数：录入凭证时所依据的原始单据张数。

5) 摘要：录入本笔分录的业务说明，要求简洁明了，不同行的摘要可以相同也可以不同。

6) 会计科目：必须录入末级科目。可以采取录入科目编码、参照录入等方式进行

7）发生金额：该笔分录的借方或贷方本期发生额，金额不能为零。<u>录入金额时必须满足"有借必有贷，借贷必相等"的记账规则</u>，并且一个会计科目不能同时出现借方金额和贷方金额。<u>金额可以是红字，红字金额用负数形式录入。</u>保存凭证时，系统对于录入的金额将检查借贷总额是否相等，不相等的凭证，系统将不予接受，并要求更改，直至相等。

8）<u>制单人签章</u>：为明确责任，不同人员在完成所负责的凭证处理工作后应即刻在凭证相应位置签章。<u>在会计软件的凭证处理过程中，制单人签章是由软件系统根据当前操作员自动完成的。</u>

用户应该确保凭证录入的完整、准确。对于系统初始设置时已经设置为辅助核算的会计科目，在填制凭证时，系统会弹出相应的窗口，要求根据科目属性录入相应的辅助信息；对于设置为外币核算的会计科目，系统会要求输入外币金额和汇率；对于设置为数量核算的会计科目，系统会要求输入该会计科目发生的数量和交易的单价。

（2）凭证录入的输入校验。在凭证实时校验时，系统会对凭证内容的合法性进行校验。校验的内容包括：

1）<u>会计科目是否存在</u>，即会计科目是否是初始化时设置的会计科目。

2）<u>会计科目是否为末级科目。</u>

3）<u>会计科目是否符合凭证的类别限制条件。</u>

4）<u>发生额是否满足"有借必有贷，借贷必相等"的记账凭证要求。</u>

5）凭证必填内容是否填写完整，一般情况下，<u>凭证类别、编号、日期、摘要、科目、发生额、制单人等必须填写</u>，附件张数和部分辅助核算内容非必填内容。

6）手工填制凭证号的情况下还需校验凭证号的合理性。一般凭证的编号必须保持序时状态，即日期越往后，编号越大。

【例3－12】根据1月份发生的经济业务，填制如下凭证。

（以刘丽的身份登录系统进行凭证的填制，附件张数均为1张）

（1）1日，采购部李明购买了500元的办公用品，以现金支付。

（2）5日，接受外部捐赠的无形资产，价值10000元。

操作步骤：

（1）增加带辅助核算信息的凭证。以业务（1）为例。

1）执行"总账管理——填制凭证"命令，进入"编辑——记账凭证"窗口。

2）选择凭证类别"付款凭证"，输入制单日期"2015－01－01"，附件张数：1。

3）输入摘要"购买办公用品"，输入借方科目"6602－01办公费"，选择辅助核算部门"采购部"，借方金额"500"。

4）鼠标单击第二行的摘要处，输入摘要，输入贷方科目"1001库存现金"，贷方金额"500"。如图3－23所示。

5）单击"确定"按钮，对输入的凭证进行保存。

（2）增加不带辅助核算信息的凭证。以业务（2）为例。

1）执行"总账管理——填制凭证"命令，进入"编辑——记账凭证"窗口。

2）选择凭证类别"转款凭证"，输入制单日期"2015－01－05"，附件张数：1。

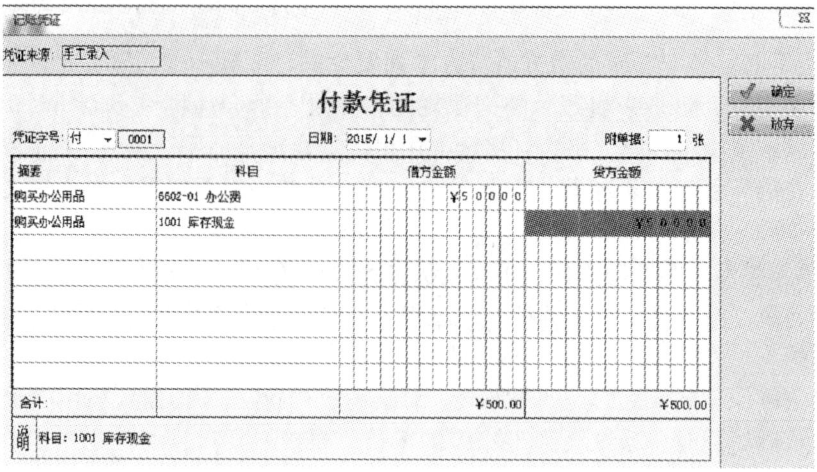

图 3 - 23　凭证的填制（1）

3）输入摘要"接受捐赠"，输入借方科目"1701 无形资产"，输入借方金额"10000"。

4）鼠标单击第二行的摘要处，输入摘要，输入贷方科目"6301 营业外收入"，贷方金额"10000"。如图 3 - 24 所示。

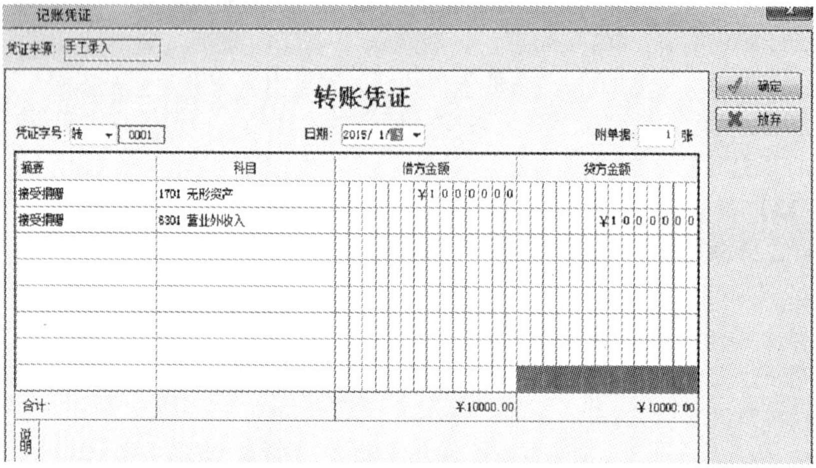

图 3 - 24　凭证的填制（2）

5）单击"确定"按钮，对输入的凭证进行保存。

2. 凭证修改

（1）凭证修改的内容。一般包括摘要、科目、金额及方向等。凭证类别、编号不能修改，制单日期的修改也会受到限制。在对凭证进行修改后，系统仍然会按照凭证录入时的校验标准来对凭证内容进行检查，只有满足了校验条件后，才能进行保存。

（2）凭证修改的操作控制。

1）修改未审核或审核标错的凭证。对未审核的凭证或审核标错的凭证，可以由填制人直接进行修改并保存。审核标错的凭证在修改正确后，出错的标记将会消失。

2）修改已审核而未记账的凭证。经过审核人员审核，并已签章而未记账的凭证，如果存在错误需要修改，应该由审核人员首先在审核模块中取消对该凭证的审核标志，使凭证恢复到未审核状态，然后再由制单人员对凭证进行修改。

3）修改已经记账的凭证。会计软件应当提供不可逆的记账功能，确保对同类已记账凭证的连续编号，不得提供对已记账凭证的删除和插入功能，不得提供对已记账凭证日期、金额、会计科目和操作人的修改功能。

4）修改他人制作的凭证。如果需要修改他人制作的凭证，在账务处理模块参数设置中需要勾选允许修改他人凭证的选项，修改后凭证的制单人将显示为修改凭证的操作人员。如果参数设置中选择不允许修改他人凭证，该功能将不能被执行。

【例3-13】将"付"字0001号凭证进行修改，将发生额修改为1500元。

操作步骤：

（1）执行"总账管理——凭证管理"命令，进入"凭证列表"窗口。

（2）查找"付"字0001号凭证，单击"修改"按钮，按照要求进行修改。如图3-25所示。

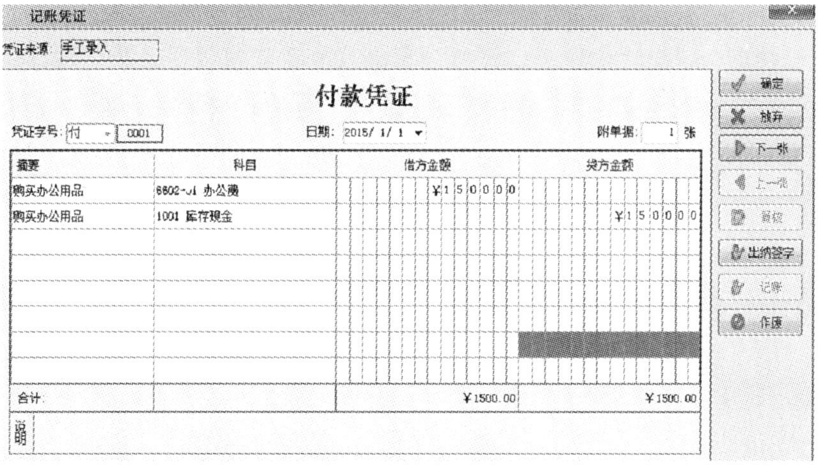

图3-25　修改会计凭证

（3）单击"确定"按钮，进行凭证的保存。

3. 凭证审核

（1）凭证审核功能。审核凭证是指审核人员按照国家统一会计准则制度规定，对于完成制单的记账凭证的正确性、合规合法性等进行检查核对，审核记账凭证的内容、金额是否与原始凭证相符，记账凭证的编制是否符合规定，所附单据是否真实、完整等。

（2）凭证审核的操作控制。

1）审核人员和制单人员不能是同一人。

2）审核凭证只能由具有审核权限的人员进行。

3）已经通过审核的凭证不能被修改或者删除，如果要修改或删除，需要审核人员取消审核签字后，才能进行。

4）审核未通过的凭证必须进行修改，并通过审核后方可被记账。

【例3－14】审核已填制的记账凭证。

操作步骤：

（1）执行"总账管理——凭证复核"命令，进行"凭证列表复核"窗口。（注意更换操作员）

（2）选择要进行审核的凭证，单击"凭证复核"按钮，进行凭证的复核。如图3－26所示。

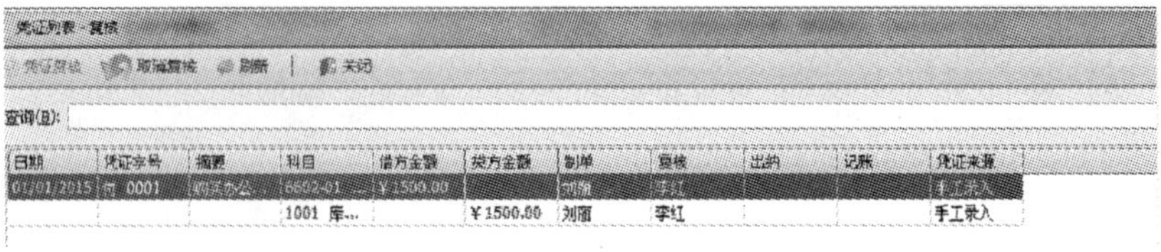

图3－26　凭证复核

4. 凭证记账

（1）记账功能。在会计软件中，记账是指由具有记账权限的人员，通过记账功能发出指令，由计算机按照会计软件预先设计的记账程序自动进行合法性校验、科目汇总、登记账目等操作。

（2）记账的操作控制。

1）期初余额不平衡，不能记账。

2）上月未结账，本月不可记账。

3）未被审核的凭证不能记账。

4）一个月可以一天记一次账，也可以一天记多次账，还可以多天记一次账。

5）记账过程中，不应人为终止记账。

【例3－15】对上述凭证进行记账操作。

（1）执行"总账管理——记账"命令，进行"凭证列表记账"窗口。

（2）选择要进行记账的凭证，单击"记账"按钮，进行凭证的记账。如图3－27所示。

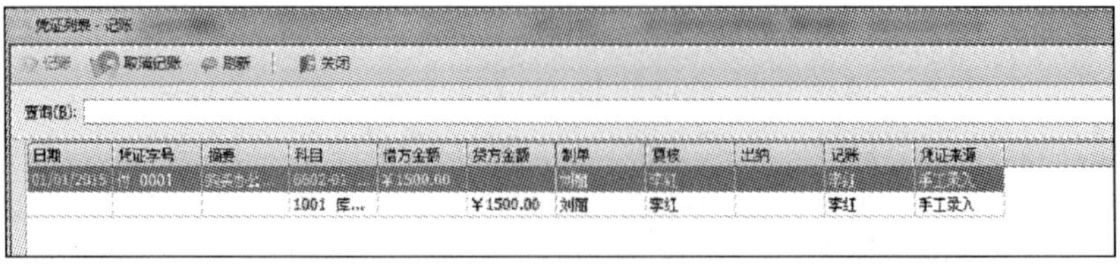

图3－27　记账

5. 凭证查询

在会计业务处理过程中，用户可以查询符合条件的凭证，以便随时了解经济业务发生的情况。在"凭证列表"（总账管理——凭证管理）窗口，即可查询已填制的凭证。

考点2　出纳管理

出纳主要负责现金和银行存款的管理。

出纳管理的主要工作包括现金日记账、银行存款日记账和资金日报表的管理，支票管理，进行银行对账并输出银行存款余额调节表。

1. 现金日记账、银行存款日记账及资金日报表的管理

出纳对现金日记账和银行存款日记账的管理包括查询和输出现金及银行存款日记账。

资金日报表以日为单位，列示现金、银行存款科目当日累计借方发生额和贷方发生额，计算出当日的余额，并累计当日发生的业务笔数，对每日的资金收支业务、金额进行详细汇报。出纳对资金日报表的管理包括查询、输出或打印资金日报表，提供当日借、贷金额合计和余额，以及发生的业务量等信息。

2. 支票管理

支票管理功能主要包括支票的购置、领用和报销。

（1）支票购置。是指对从银行新购置的空白支票进行登记操作。登记的内容包括购置支票的银行账号、购置支票的支票规则、购置的支票类型、购置日期等。

（2）支票领用。应登记详细的领用记录，包括领用部门、领用人信息、领用日期、支票用途、支票金额、支票号、备注等。

（3）支票报销。对已领用的支票，在支付业务处理完毕后，应进行报销处理。会计人员应填制相关记账凭证，并填入待报销支票的相关信息，包括支票号、结算方式、签发日期、收款人名称、付款金额等。

3. 银行对账

银行对账是指在每月月末，企业的出纳人员将企业的银行存款日记账与开户银行发来的当月银行存款对账单进行逐笔核对，勾对已达账项，找出未达账项，并编制每月银行存款余额调节表的过程。

会计软件中执行银行对账功能，具体步骤包括银行对账初始数据录入、本月银行对账单录入、对账、银行存款余额调节表的编制等。

（1）银行对账初始数据录入。在首次启用银行对账功能时，需要事先录入账务处理模块启用日期前的银行和企业账户余额及未达账项，即银行对账的初始数据。从启用月份开始，上月对账的未达账项将自动加入到以后月份的对账过程中。

（2）银行对账单录入。对账前，必须将银行对账单的内容录入到系统中。录入的对账单内容一般包括入账日期、结算方式、结算单据字号、借方发生额、贷方发生额，余额由系统自动计算。

（3）对账。在会计电算化环境下，系统提供自动对账功能，即系统根据用户设置的对账条件进行逐笔检查，对达到对账标准的记录进行勾对，未勾对的即为未达账项。

系统进行自动对账的条件一般包括业务发生的日期、结算方式、结算票号、发生金额相同等。其中，发生金额相同是对账的基本条件，对于其他条件，用户可以根据需要自定义选择。

除了自动对账外，系统一般还提供手工对账功能。特殊情况下，有些已达账项通过设置的对账条件系统无法识别，这就需要出纳人员通过人工识别进行勾对。

（4）余额调节表的编制。对账完成后，系统根据本期期末的银行存款日记账的余额、银行对账单的余额对未达账项进行调整，自动生成银行存款余额调节表。调整后，银行存款日记账和银行对账单的余额应该相等。用户可以在系统中查询余额调节表，但不能对其进行修改。

考点3　账簿查询

1. 科目账查询

（1）总账查询。用于查询各总账科目的年初余额、各月期初余额、发生额合计和期末余额。总账查询可以根据需要设置查询条件，如会计科目代码、会计科目范围、会计科目级次、是否包含未记账凭证等。在总账查询窗口下，系统一般允许联查当前会计科目当前月份的明细账。

（2）明细账查询。用于查询各账户的明细发生情况，用户可以设置多种查询条件查询明细账，包括会计科目范围、查询月份、会计科目代码、是否包括未记账凭证等。在明细账查询窗口下，系统一般允许联查所选明细事项的记账凭证及联查总账。

（3）余额表。用于查询统计各级会计科目的期初余额、本期发生额、累计发生额和期末余额等。用户可以设置多种查询条件。利用余额表可以查询和输出总账科目、明细科目在某一时期内的期初余额、本期发生额、累计发生额和期末余额；可以查询和输出某会计科目范围在某一时期内的期初余额、本期发生额、累计发生额和期末余额；可以查询和输出包含未记账凭证在内的最新发生额及期初余额和期末余额。

（4）多栏账。即多栏式明细账，用户可以预先设计企业需要的多栏式明细账，然后按照明细科目保存为不同名称的多栏账。查询多栏账时，用户可以设置多种查询条件，包括多栏账名称、月份、是否包含未记账凭证等。

（5）日记账。用于查询除现金日记账、银行日记账之外的其他日记账。用户可以查询输出某日所有会计科目（不包括现金、银行存款会计科目）的发生额及余额情况。用户可以设置多种查询条件，包括查询日期、会计科目级次、会计科目代码、币别、是否包含未记账凭证等。

2. 辅助账查询

辅助账查询一般包括客户往来、供应商往来、个人往来、部门核算、项目核算的辅助总账、辅助明细账查询。在会计科目设置时，如果某一会计科目设置多个辅助核算，则在输出时会提供多种辅助账簿信息。

三、账务处理模块期末处理

账务处理模块的期末处理是指会计人员在每个会计期间的期末所要完成的特定业务，主要包括会计期末的转账、对账、结账等。

考点1　自动转账

自动转账是指对于期末那些摘要、借贷方会计科目固定不变，发生金额的来源或计算方法基本相同，相应凭证处理基本固定的会计业务，将其既定模式事先录入并保存到系统中，在需要的时候，让系统按照既定模式，根据对应会计期间的数据自动生成相应的记账凭证。<u>自动转账的目的在于减少工作量，避免会计人员重复录入此类凭证</u>，提高记账凭证录入的速度和准确度。

1. 自动转账的步骤

（1）自动转账定义。<u>自动转账定义是指对需要系统自动生成凭证的相关内容进行定义</u>。在系统中事先进行自动转账定义，设置的内容一般包括<u>编号、凭证类别、摘要、发生会计科目、辅助项目、发生方向、发生额计算公式</u>等。

（2）自动转账生成。是指在自动转账定义完成后，用户每月月末只需要执行转账生成功能，即可快速生成转账凭证，并被保存到未记账凭证中。

用户应该按期末结转的顺序来执行自动转账生成功能。<u>此外，在自动转账生成前，应该将本会计期间的全部经济业务填制记账凭证，并将所有未记账凭证审核记账</u>。

保存系统自动生成的转账凭证时，系统同样会对凭证进行校验，只有通过了系统校验的凭证才能进行保存。生成后的转账凭证将被保存到记账凭证文件中，制单人为执行自动转账生成的操作员。自动生成的转账凭证同样要进行后续的审核、记账。

2. 常用的自动转账功能

（1）自定义转账。包括<u>自定义转账定义和自定义转账生成</u>。自定义转账定义允许用户通过自动转账功能自定义凭证的所有内容，然后用户可以在此基础上执行转账生成。

（2）期间损益结转。包括期间损益定义和期间损益生成，期间损益结转用于在一个会计期间结束时，将损益类科目的余额结转到本年利润科目中，从而及时反映企业利润的盈亏情况。

<u>用户应该将所有未记账凭证审核记账后，再进行期间损益结转</u>。在操作时需要设置凭证类别，<u>一般凭证类别为转账凭证</u>。执行此功能后，一般系统能够自动搜索和识别需要进行损益结转的所有科目（即损益类科目），并将它们的期末余额（即发生净额）转到本年利润科目中。

考点2 对账

对账是指为保证账簿记录正确可靠，<u>对账簿数据进行检查核对</u>。对账主要包括总账和明细账、总账和辅助账、明细账和辅助账的核对。为了保证账证相符、账账相符，用户应该经常进行对账，<u>至少一个月一次</u>，一般可在月末结账前进行。只有对账正确，才能进行结账操作。

考点3 月末结账

1. 月末结账功能

结账主要包括计算和结转各账簿的本期发生额和期末余额，<u>终止本期的账务处理工作</u>，并将会计科目余额结转至下月作为月初余额。<u>结账每个月只能进行一次</u>。

执行"总账管理——期末结账"命令，可实现结账操作。如图3-28所示。

2. 月末结账操作的控制

结账工作必须在本月的核算工作都已完成，系统中数据状态正确的情况下才能进行。因此，结账工作执行时，系统会检查相关工作的完成情况，主要包括：

（1）<u>检查本月记账凭证是否已经全部记账，如有未记账凭证，则不能结账</u>。

（2）<u>检查上月是否已经结账，如上月未结账，则本月不能结账</u>。

（3）<u>检查总账与明细账、总账与辅助账是否对账正确，如果对账不正确则不能结账</u>。

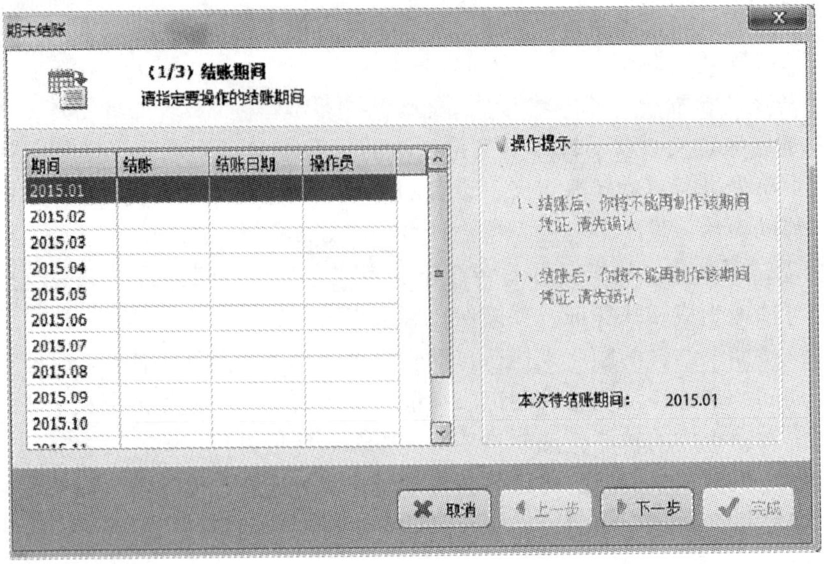

图 3-28 期末结账

(4) 对会计科目余额进行试算平衡,如试算不平衡将不能结账。

(5) 检查损益类账户是否已经结转到本年利润,如损益类科目还有余额,则不能结账。

(6) 当其他各模块也已经启用时,账务处理模块必须在其他各模块都结账后,才能结账。

结账只能由具有结账权限的人进行。在结账前,最好进行数据备份,一旦结账后发现业务处理有误,可以利用备份数据恢复到结账前的状态。

典型例题

【例题1·单选题】经过审核还没有记账的记账凭证发现有错误应该( )。

A. 直接进行修改　　　　　　　　B. 取消审核后修改

C. 不能修改　　　　　　　　　　D. 用红字冲销法修改

【答案】B

【解析】已审核的凭证必须先取消审核再修改。

【例题2·单选题】账务处理系统中,每月结账后只能输入( )的凭证。

A. 上月　　　　　B. 下月　　　　　C. 当月　　　　　D. 上年

【答案】B

【解析】每月结账后只能录入下月、下季度、下年的凭证。

【例题3·多选题】在填制凭证时必须要录入的项目是( )。

A. 发生额　　　　　B. 摘要　　　　　C. 附件张数　　　　　D. 日期

【答案】ABD

【解析】一般情况下,凭证类别、编号、日期、摘要、科目、发生额、制单人等必须填写,附件张数和部分辅助核算内容非必填内容。

第四节　固定资产管理模块的应用

考纲重点分布

四、固定资产管理模块	1. 固定资产管理模块初始化工作	掌握
	2. 固定资产管理模块日常处理	掌握
	3. 固定资产管理模块期末处理	掌握

考点精解

一、固定资产管理模块初始化工作

考点1　设置控制参数

1. 设置启用会计期间

启用会计期间是指固定资产管理模块开始使用的时间。固定资产管理模块的启用会计期间不得早于系统中该账套建立的期间。设置启用会计期间在第一次进入固定资产管理模块时进行。

2. 设置折旧相关内容

设置折旧相关内容一般包括是否计提折旧、折旧率小数位数等。

如果确定不计提折旧，则不能操作账套内与折旧有关的功能。

3. 设置固定资产编码

固定资产编码是区分每一项固定资产的唯一标识。

考点2　设置基础信息

1. 设置折旧对应科目

折旧对应科目是指折旧费用的入账科目，资产计提折旧后必须设定折旧数据应归入哪个成本或费用科目。根据固定资产的使用状况，某一部门内的固定资产的折旧费用可以归集到一个比较固定的会计科目，便于系统根据部门生成折旧凭证。

2. 设置增减方式

企业固定资产增加或减少的具体方式不同，其固定资产的确认和计量方法也不同。记录和汇总固定资产具体增减方式的数据也是为了满足企业加强固定资产管理的需要。

固定资产增加的方式主要有：直接购买、投资者投入、捐赠、盘盈、在建工程转入、融资租入等。

固定资产减少的方式主要有：出售、盘亏、投资转出、捐赠转出、报废、毁损、融资租出等。

【例3－16】增加固定资产增减方式及对应入账科目，资料如表3－11所示。

表 3 –11　固定资产增减方式

类别编码	类别名称	对应科目	凭证类型
01	购入	银行存款	付款凭证
13	毁损	固定资产清理	转账凭证

操作步骤：

（1）执行"基础编码——固定资产变动方式"命令，打开"固定资产变动方式"对话框。

（2）单击"增加"按钮，打开"新增固定资产变动方式"对话框，选择"固定资产变动类型：增加固定资产"，输入固定资产变动方式编码：01，固定资产变动方式名称：购入，凭证科目：银行存款，单击"确定"按钮，保存增加的内容。如图 3 – 29 所示。

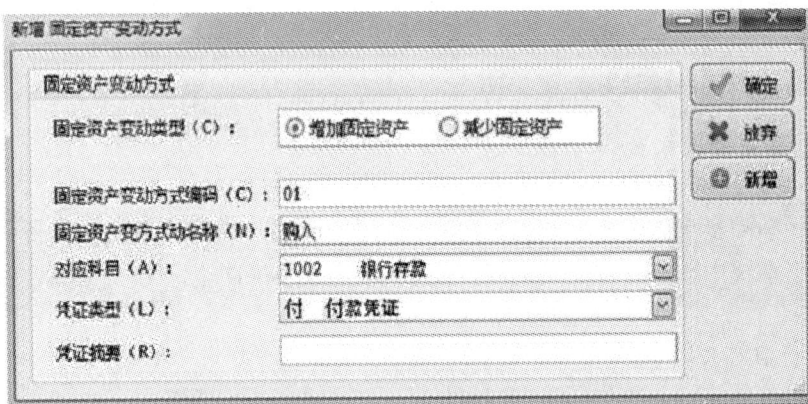

图 3 – 29　固定资产增加方式

（3）同理增加其他的固定资产变动方式（毁损是减少方式）。如图 3 – 30 所示。

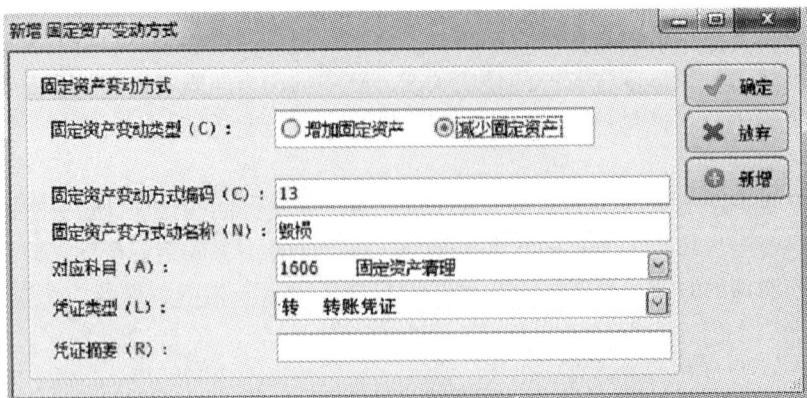

图 3 – 30　固定资产减少方式

3. 设置使用状况

企业需要明确固定资产的使用状况，加强固定资产的核算和管理。同时，不同使用状况的固定资产折旧计提处理也有区别，需要根据使用状况设置相应的折旧规则。

固定资产使用状况包括在用、经营性出租、大修理停用、季节性停用、不需要和未使用。

4. 设置折旧方法

设置折旧方法是系统自动计算折旧的基础。折旧方法通常包括不提折旧、平均年限法、工作量法、年数总和法和双倍余额递减法等。系统一般会列出每种折旧方法的默认折旧计算公式，企业也可以根据需要，定义适合自己的折旧方法的名称和计算公式。

5. 设置固定资产类别

固定资产种类繁多，规格不一，需建立科学的固定资产分类体系。为强化固定资产管理，企业可根据自身的特点和管理方法，确定一个较为合理的固定资产分类方法。

【例 3 - 17】设置固定资产类别。固定资产类别如表 3 - 12 所示。

表 3 - 12 固定资产类别

类别编码	类别名称	使用年限	计提属性	折旧方法
01	电子设备	5	正常计提	平均年限法
02	交通设备	—	正常计提	工作量法

操作步骤：

（1）执行"基础编码——固定资产类别"命令，打开"固定资产类别"对话框。

（2）单击"增加"按钮，打开"新增固定资产类别"对话框，输入固定资产类别信息，单击"确定"按钮，保存增加的内容。如图 3 - 31 所示。

（3）同理增加其他固定资产类别，全部增加完毕如图 3 - 32 所示，单击"关闭"按钮。

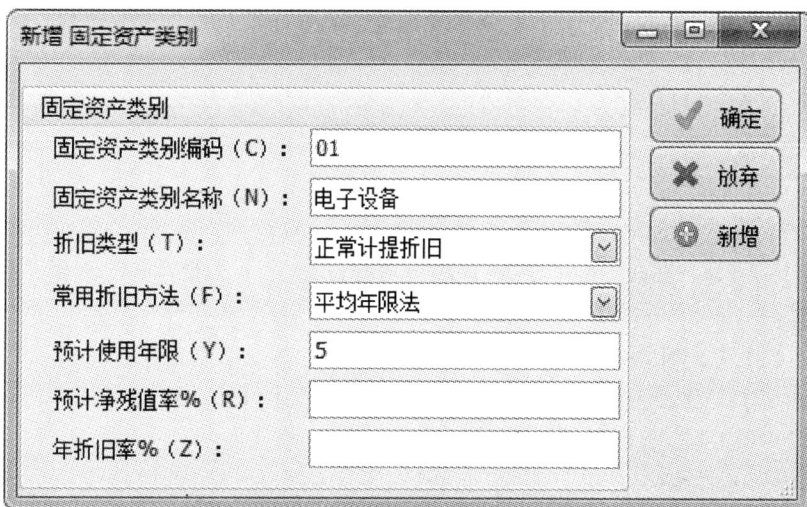

图 3 - 31 新增固定资产类别

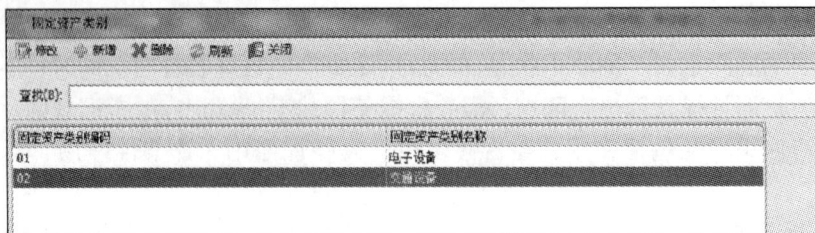

图 3-32　新增固定资产类别列表

考点 3　录入原始卡片

固定资产卡片是固定资产核算和管理的数据基础。在初始使用固定资产模块时，应该录入当期期初（即为上期期末）的固定资产数据，作为后续固定资产核算和管理的起始基础。固定资产卡片记录每项固定资产的详细信息，一般包括固定资产编号、名称、类别、规格型号、使用部门、增加方式、使用状况、预计使用年限、残值率、折旧方法、开始使用日期、原值、累计折旧等。

【例 3-18】增加固定资产原始卡片。固定资产卡片资料如表 3-13 所示。

表 3-13　固定资产原始卡片

卡片编号	资产编号	固定资产名称	卡片类别	使用部门	增加方式	使用状况	使用年限	增加使用日期	原值	累计折旧
01	01	计算机	电子设备	管理部	购入	使用中	5	2014-11-10	46400	773
02	02	汽车	交通设备	销售部	购入	使用中	—	2014-11-10	150000	1250

操作步骤：

（1）执行"期初设置——固定资产期初"命令，打开"固定资产期初"对话框。

（2）单击"固定资产增加"按钮，按照题目要求输入固定资产卡片资料。如图 3-33、图3-34 所示。

（3）单击"确定"按钮，保存输入的卡片资料。同理输入其他卡片资料。

二、固定资产管理模块日常处理

企业日常运营中，会发生固定资产相关业务，一般包括固定资产增加、固定资产减少、固定资产变动等。在每个会计期间，用户可在固定资产管理模块中对相关日常业务进行管理和核算。

考点 1　固定资产增加

固定资产增加是指企业购进或通过其他方式增加固定资产，应为增加的固定资产建立一张固定资产卡片，录入增加的固定资产的相关信息、数据。

【例 3-19】2015 年 1 月 1 日，管理部购买复印机 1 台，价款已用工行存款支付。支付方式转账支票，票号 102。资料如表 3-14 所示。

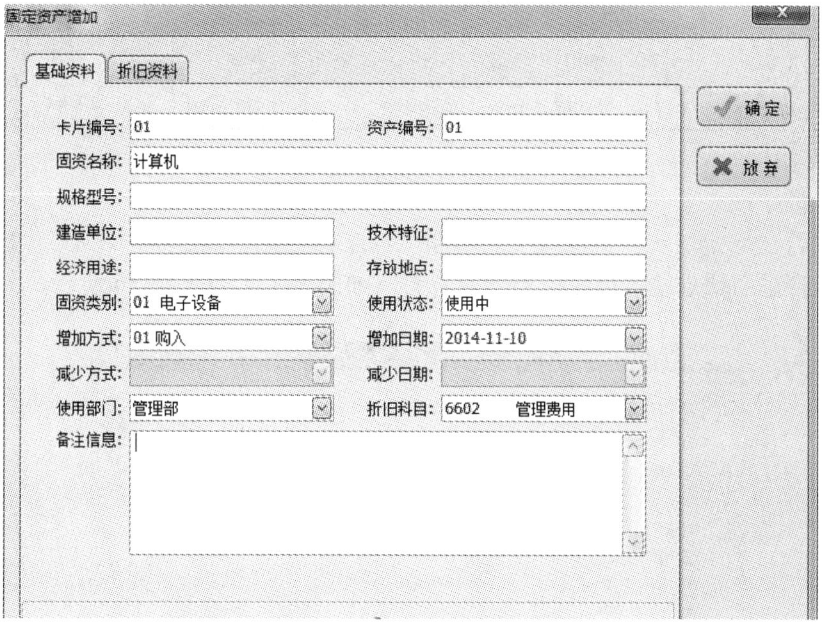

图3－33　【例3－18】固定资产卡片——基础资料

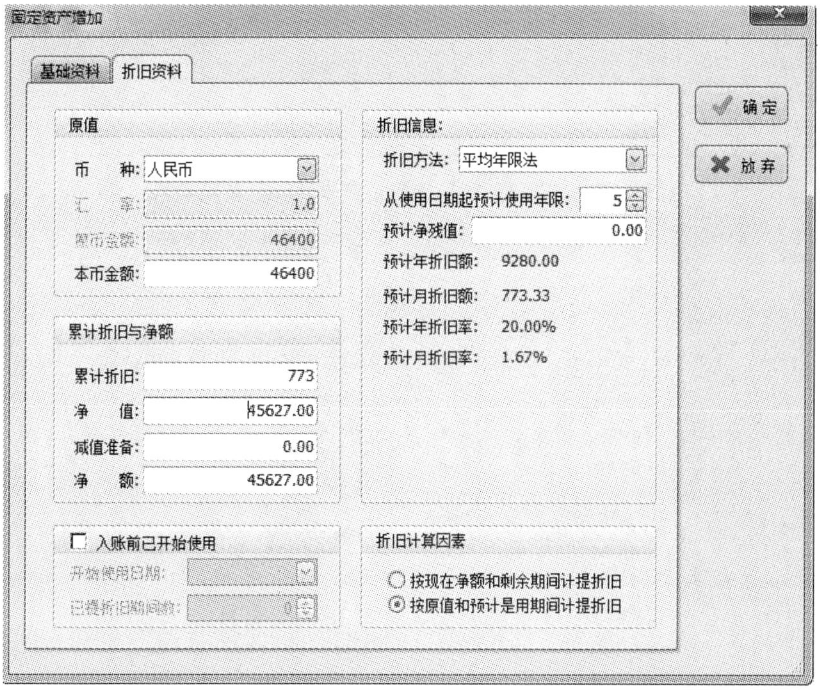

图3－34　【例3－18】固定资产卡片——折旧资料

表3-14　新增资产资料

卡片编号	资产编号	资产类别	资产名称	使用部门	增加方式	使用状况	使用年限	增加使用日期	原值	使用年限	折旧方法
03	03	电子设备	复印机	管理部	购入	使用中	5	2015-01-01	4000	5	平均年限法

操作步骤:

(1) 执行"固定资产——固定资产增加"命令,打开"固定资产增加"对话框。

(2) 按照题目要求输入固定资产卡片资料。如图3-35、图3-36所示。

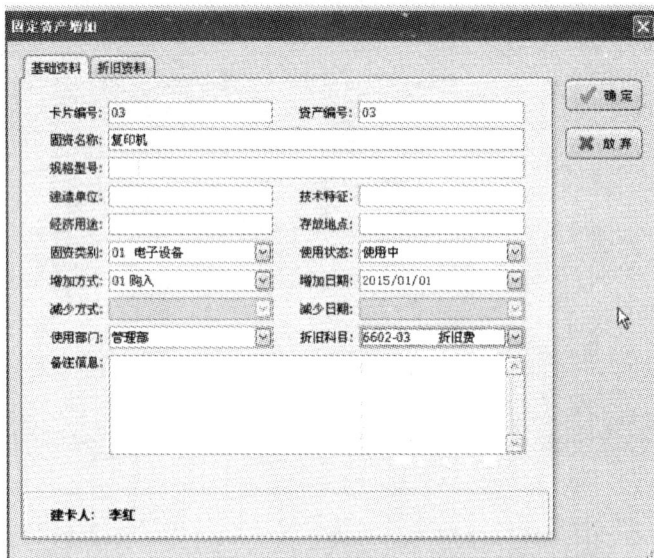

图3-35　【例3-19】固定资产卡片——基础资料

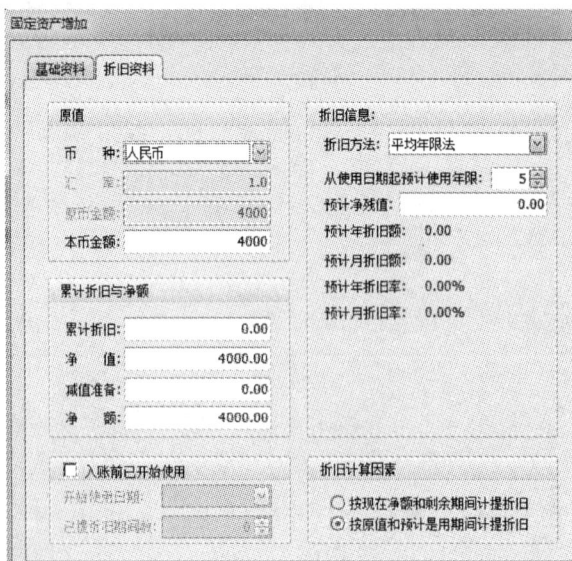

图3-36　【例3-19】固定资产卡片——折旧资料

（3）单击"确定"按钮，保存输入的卡片资料。

考点2 固定资产减少

固定资产减少业务的核算不是直接减少固定资产的价值，而是输入资产减少卡片，说明减少原因，记录业务的具体信息和过程，保留审计线索。

【提示】固定资产减少操作，应在计提折旧后再进行操作，因为当期减少的固定资产要照提折旧。

【例3-20】2015年1月10日，出售管理部计算机。

（1）执行"固定资产——固定资产减少"命令，打开"固定资产减少"对话框。

（2）按照资料，选择减少卡片"管理部"，减少方式"出售"，减少日期"2015年1月10日"，单击"确定"按钮，完成固定资产卡片的减少。如图3-37所示。

图3-37 固定资产卡片减少

考点3 固定资产变动

固定资产变动业务包括价值信息变更和非价值信息变更两部分内容。

1. 价值信息的变更

（1）固定资产原值变动。固定资产使用过程中，其原值变动的原因一般包括根据国家规定，对固定资产重新估价；增加补充设备或改良设备；将固定资产的一部分拆除；根据实际价值调整原来的暂估价值；发现原记录固定资产的价值有误等几种情况。

（2）折旧要素的变更。包括使用年限调整、折旧方法调整、净残值（率）调整、累计折旧调整等。

2. 非价值信息变更

固定资产非价值信息变更包括固定资产的使用部门变动、使用状况变动、存放地点变动等。

固定资产变更要求必须要留下原始凭证，这种原始凭证称为"变动单"。由于原值、减值准备、净残值（率）、折旧方法、使用年限、使用状况的变动，将影响折旧的计提，因此，在操作时应更加细心。

考点4　生成记账凭证

设置固定资产凭证处理选项之后，固定资产管理模块对于需要填制记账凭证的业务能够自动完成记账凭证填制工作，并传递给账务处理模块。

【例3－21】将固定资产增加，减少的业务生成记账凭证。

操作步骤：

（1）执行"固定资产——固资凭证"命令，打开"固资凭证向导"对话框。如图3－38所示。

（2）选择要生成凭证的固定资产卡片"资产编号01"，依次单击"下一步"，"完成"按钮，弹出"凭证已生成，是否查看凭证"的提示框，单击"是"按钮。如图3－38所示。

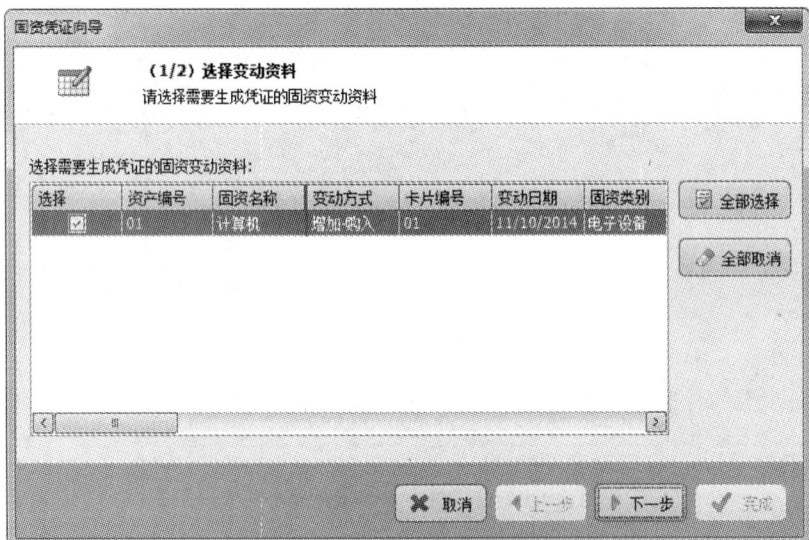

图3－38　固定资产凭证向导

（3）单击"确定"按钮，完成固定资产凭证的生成。

（4）同理，生成固定资产减少的凭证。

三、固定资产管理模块期末处理

考点1　计提折旧

固定资产管理模块提供自动计提折旧的功能。初次录入固定资产原始卡片时，应将固定资产的原值、使用年限、残值（率）以及折旧计提方法等相关信息录入系统。在期末，系统利用自动计提折旧功能，对各项固定资产按照定义的折旧方法计提折旧，并将当期的折旧额自动累计到每项资产的累计折旧项目中，并减少固定资产账面价值。然后，系统将计提的折旧金额依据每项固定资产的用途归属到对应的成本、费用项目中，生成折旧分配表，并以此为依据，制作相应的记账凭证，并传递给账务处理模块。

系统还可以提供折旧清单，显示所有应计提折旧的资产已计提折旧的信息。

固定资产管理模块计提折旧应遵循以下几个原则：

（1）在一个期间可以多次计提折旧，每次计提折旧后，只将计提的折旧累加到月初的累计折旧上，并不重复累计。

（2）若上次计提折旧已制单并传递到总账系统，则必须删除该凭证后才能重新计提折旧。

（3）计提折旧后又对账套进行了影响折旧计算功能分配的操作，必须重新计提折旧，否则系统不允许结账。

（4）若自定义的折旧方法月折旧率或月折旧额出现负数，系统自动终止计提。

（5）资产的使用部门和资产的折旧汇总的部门可能不同，为了加强固定资产管理，使用部门必须是明细部门，而折旧分配部门不一定分配到明细部门，不同的单位处理可能不同，因此要在计提折旧分配折旧费用时做出选择。

【例 3 – 22】计提本月固定资产折旧，并生产记账凭证。

操作步骤：

（1）执行"固定资产——计提折旧"命令，打开"计提折旧"对话框。如图 3 – 39 所示。

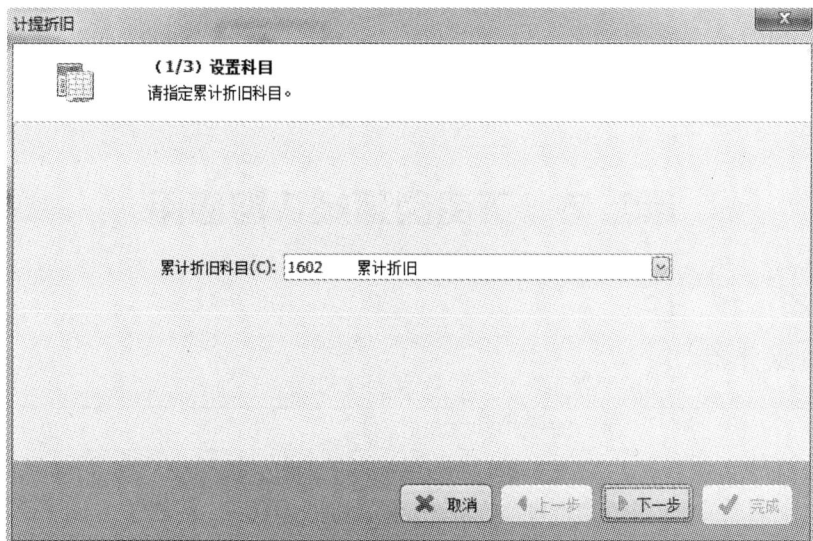

图 3 – 39　计提折旧

（2）单击"下一步"按钮，选择凭证类型"转账凭证"，输入凭证摘要"计提折旧"。

（3）单击"完成"按钮，生成计提折旧的凭证。

考点2 对账

固定资产管理模块对账功能主要是指与账务处理模块进行对账。对账工作主要是为了保证固定资产管理模块的资产价值、折旧、减值准备等与账务处理模块中对应科目的金额相一致。

考点3 月末结账

用户在固定资产管理模块中完成本月全部业务和生成记账凭证并对账正确后，可以进行月末结账。

考点4 相关数据查询

固定资产管理模块提供账表查询功能，用户可以对固定资产相关信息按照不同标准进行分类、汇总、分析和输出，以满足各方面管理决策的需要。

典型例题

【例题1·多选题】固定资产增加的方式主要有（　　）。

A. 直接购买　　　　　B. 投资者投入　　　　C. 捐赠　　　　　　D. 盘盈

【答案】ABCD

【解析】固定资产增加的方式主要有：直接购买、投资者投入、捐赠、盘盈、在建工程转入、融资租入等。

【例题2·多选题】固定资产管理模块日常处理一般包括（　　）。

A. 固定资产编号　　　　　　　　　　B. 固定资产减少

C. 固定资产增加　　　　　　　　　　D. 固定资产变动

【答案】BCD

【解析】固定资产管理模块日常处理一般包括固定资产增加、减少、变动。

第五节　工资管理模块的应用

考纲重点分布

五、工资管理模块的应用	1. 工资管理模块初始化工作	掌握
	2. 工资管理模块日常处理	掌握
	3. 工资管理模块期末处理	掌握

考点精解

在手工方式下，工资核算工作耗费了财务人员大量的精力和时间，并且容易出错。采用计算机处理保证了工资核算的准确性和及时性。

一、工资管理模块初始化工作

考点 1　设置基础信息

1. 设置工资类别

工资类别用于对工资核算范围进行分类。企业一般可按人员、部门或时间等设置多个工资类别。

2. 设置工资项目

设置工资项目是计算工资的基础，包括工资项目名称、类型、数据长度、小数位数等。

3. 设置工资项目计算公式

设置工资项目计算公式是指企业根据其财务制度，设置某一工资类别下的工资计算公式。

4. 设置工资类别所对应的部门

设置工资类别所对应的部门后，可以按部门核算各类人员工资，提供部门核算资料。

5. 设置所得税

为了计算与申报个人所得税，需要对个人所得税进行相应的设置。设置内容具体包括基本扣减额、所得项目、累进税率表等。

6. 设置工资费用分摊

企业在月内发放的工资，不仅要按工资用途进行分配，而且需要按工资一定比例计提某些费用。为此系统提供设置计提费用种类和设置相应科目的功能。

【例 3 - 23】设置职员档案（见表 3 - 15）。

表 3 - 15　职员档案

编码	职员类型名称
01	管理人员
02	销售人员

操作步骤：

（1）执行"工资——职员类型"命令，打开"职员类型"对话框。

（2）单击"新增"按钮，打开"新增职员类型"对话框，输入新增职员类型的信息。如图 3 - 40 所示。

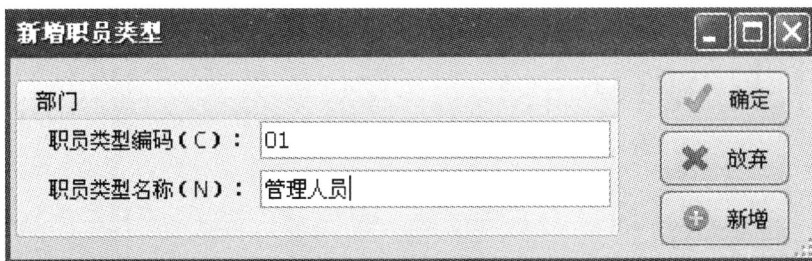

图 3 - 40　职员类型

（3）单击"确定"按钮，对增加内容进行保存。同理增加其他职员类型。

【例3-24】设置工资项目及计算公式。

操作步骤：

（1）执行"工资——新建工资表"命令，打开"新建工资表"对话框。

（2）打开"新建工资表——工资表名称"对话框，输入工资表名称"2015年1月工资表"。如图3-41所示。

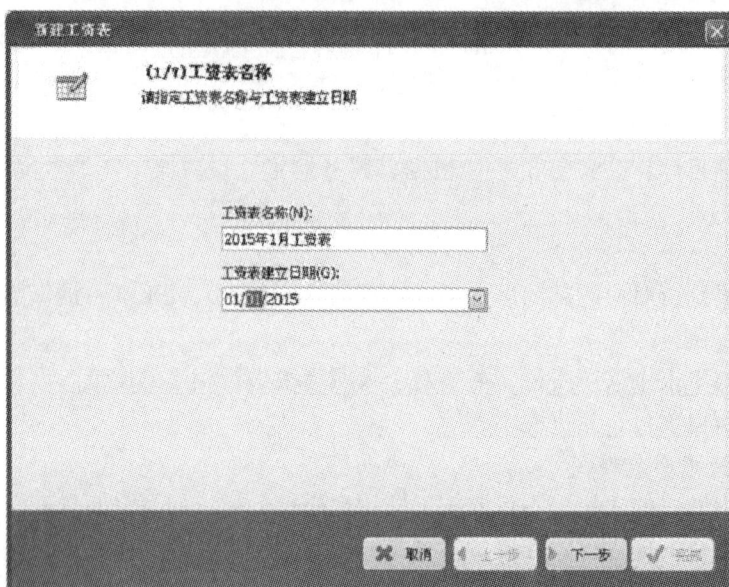

图3-41 设置工资表名称

（3）单击"下一步"，出现"数据来源"窗口。单击"下一步"，出现"指定发放项目"窗口。

（4）在左侧窗口选中"事假天数"项目，单击"修改"，将事假项目的长度改为10。如图3-42所示。

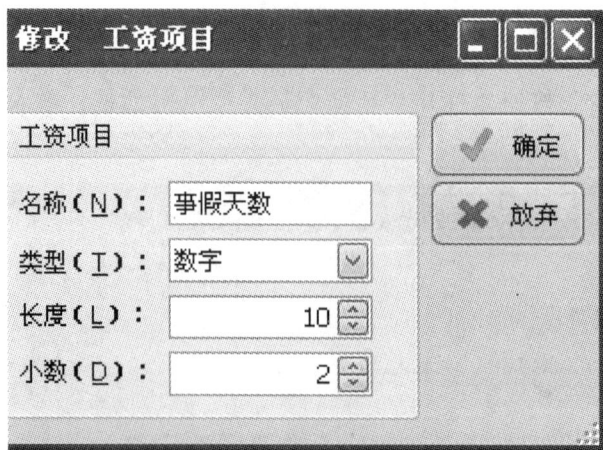

图3-42 修改工资项目

（5）单击"增加"，增加"事假扣款"项目。如图3-43所示。

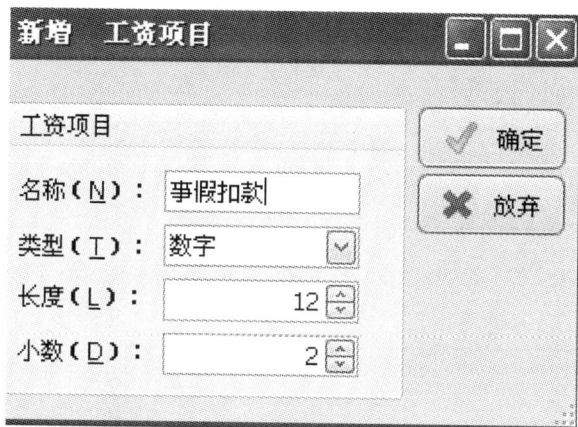

图3-43 新增工资项目

（6）按要求设置"本次发放的工资项目"。如图3-44所示。

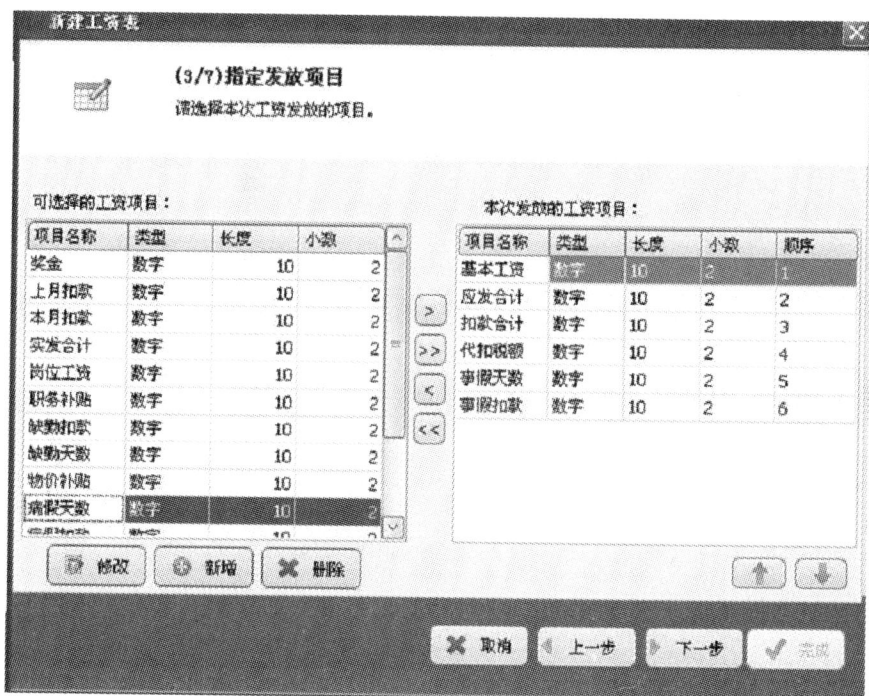

图3-44 指定发放项目

（7）单击"下一步"，出现"清零项目"窗口，不作修改。单击"下一步"，打开"新增工资表——发放范围"对话框，全选所有职员。

（8）单击"下一步"新增公式，按要求输入各工资项目的计算公式。如图3-45

所示。

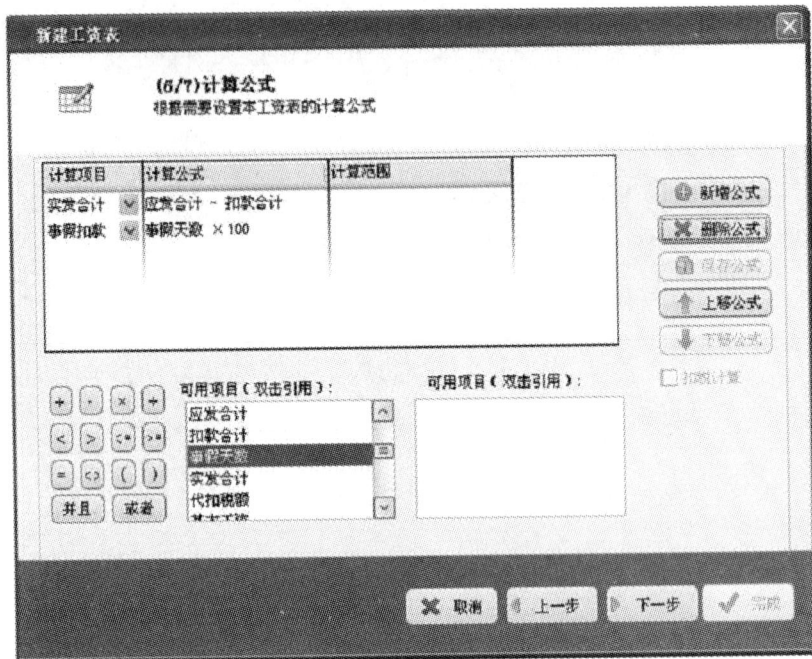

图 3-45　设置计算公式

（9）单击"完成"按钮。

考点2　录入工资基础数据

第一次使用工资管理模块必须将所有人员的基本工资数据录入计算机。

由于工资数据具有来源分散等特点，工资管理模块一般提供以下数据输入方式：

（1）单个记录录入

选定某一特定员工，输入或修改其工资数据。

（2）成组数据录入

先将工资项目分组，然后按组输入。

（3）按条件成批替换

对符合条件的某些工资项，统一替换为一个相同的数据。

（4）公式计算

适用于有确定取数关系的数据项。

（5）从外部直接导入数据

通过数据接口将工资数据从车间、人事、后勤等外部系统导入工资管理模块。

二、工资管理模块日常处理

考点1　工资计算

1. 工资变动数据录入

工资变动是指对工资可变项目的具体数额进行修改以及对个人的工资数据进行修改、

增删。工资变动数据录入是指输入某个期间内工资项目中相对变动的数据，如奖金、请假扣款等。

【例3-25】录入工资数据（见表3-16）。

表3-16 工资表　　　　　　　　　　　　单位：元

职员名称	基本工资
赵飞	3500
李明	4000
刘丽	3000

操作步骤：

（1）执行"工资——工资录入"命令，打开"工资表数据录入"对话框。

（2）输入职员的基本工资信息。如图3-46所示。

图3-46 计算完成的工资表

（3）单击"关闭"按钮。

2. 工资数据计算

工资数据计算是指按照所设置的公式计算每位员工的工资数据。

考点2 个人所得税计算

工资管理模块提供个人所得税自动计算功能，用户可以根据政策的调整，定义最新的个人所得税税率表，系统可以自动计算个人所得税。

考点3 工资分摊

工资分摊是指对当月发生的工资费用进行工资总额的计算、分配及各种经费的计提，并自动生成转账凭证传递到账务处理模块。工资费用分摊项目一般包括应付工资、应付福利费、职工教育经费、工会经费、各类保险等。

考点4 生成记账凭证

根据工资费用分摊的结果及设置的借贷科目，生成记账凭证并传递到账务处理模块。

【例3-26】新建"2015年1月份工资表"，并生成2015年1月工资表的工资凭证。

操作步骤：

（1）执行"工资——工资凭证"命令，打开"工资凭证向导"对话框。

（2）选择"1月份工资表"，单击"下一步"按钮，在"计算公式"界面中，双击选择工资计提公式"1月份工资表，实发合计"。如图3-47所示。

（3）单击"下一步"，打开"设置科目"对话框，设置管理人员借方科目为"6602-02

工资"、销售人员借方科目为"6601－01 工资"。如图 3－48 所示。

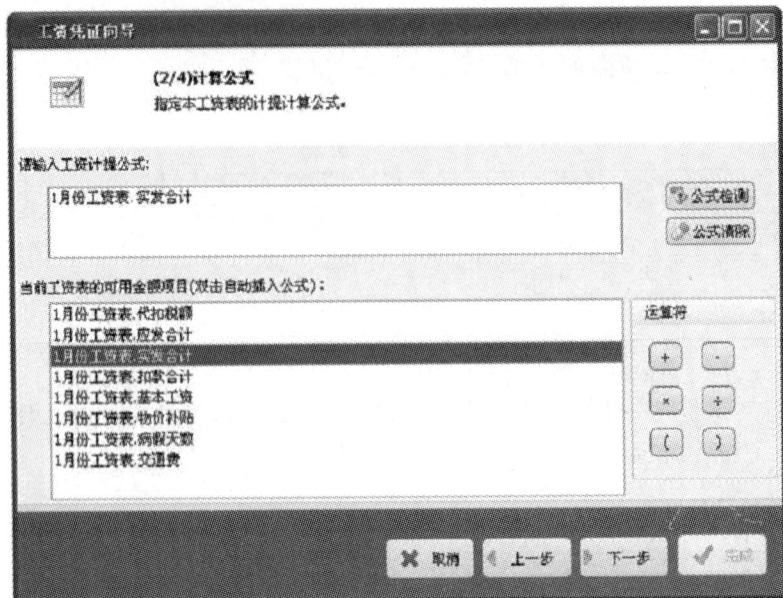

图 3－47 工资表计算公式

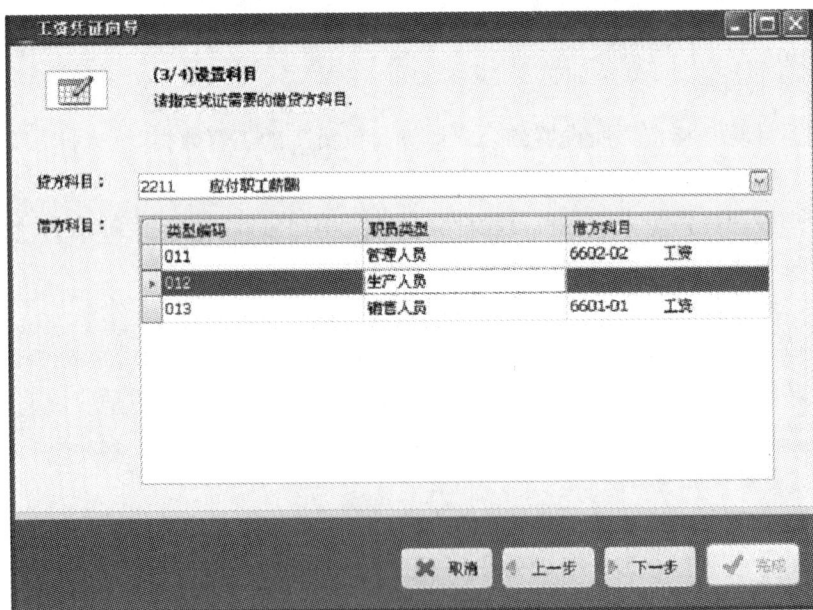

图 3－48 设置科目

（4）单击"下一步"，打开"凭证预览"对话框，设置凭证类型为"转账凭证"。

（5）单击"完成"，并确认查看生成的工资凭证。

三、工资管理模块期末处理

考点1 期末结账

在当期工资数据处理完毕后，需要通过期末结账功能进入下一个期间。系统可以对不同的工资类别分别进行期末结账。

考点2 工资表的查询输出

工资数据处理结果最终通过工资报表的形式反映，工资管理模块提供了主要的工资报表，报表的格式由会计软件提供，如果对报表提供的固定格式不满意，用户也可以自行设计。

1. 工资表

工资表主要用于对本月工资发放和统计，包括工资发放表、工资汇总表等。用户可以对系统提供的工资表进行修改，使报表格式更符合本企业的需要。

2. 工资分析表

工资分析表是以工资数据为基础，对按部门、人员等方式分类的工资数据进行分析和比较，产生各种分析表，供决策人员使用。

典型例题

【例题1·单选题】 下列各项中，不属于工资项目设置的是（　　）。

A. 工资项目名称　　　B. 工资类别　　　　C. 类型　　　　　　D. 小数位数

【答案】 B

【解析】 设置工资项目是计算工资的基础，包括工资项目名称、类型、数据长度、小数位数等。

【例题2·单选题】 下列各项中，不能通过设置公式自动生成凭证的是（　　）。

A. 发放工资　　　　　B. 工会经费　　　　C. 职工教育经费　　D. 工资费用分配

【答案】 A

【解析】 工资分摊是指对当月发生的工资费用进行工资总额的计算、分配及各种经费的计提，并自动生成转账凭证传递到账务处理模块。工资费用分摊项目一般包括应付工资、应付福利费、职工教育经费、工会经费、各类保险等。根据工资费用分摊的结果及设置的借贷科目，生成记账凭证并传递到账务处理模块。

【例题3·多选题】 下列各项中，属于工资管理模块日常处理的内容有（　　）。

A. 工资计算　　　B. 个人所得税计算　　　C. 工资分摊　　　　D. 生成记账凭证

【答案】 ABCD

【解析】 工资管理模块日常处理的内容有工资计算、个人所得税计算、工资分摊、生成记账凭证。

第六节　应收管理模块的应用

考纲重点分布

六、应收管理模块的应用	1. 应收管理模块初始化工作	掌握
	2. 应收管理模块日常处理	掌握
	3. 应收管理模块期末处理	掌握

考点精解

应收管理模块主要用于核算和管理单位与客户之间的往来款项，应收管理模块以发票、其他应收单等原始单据为依据。

一、应收管理模块初始化工作

考点1　控制参数和基础信息的设置

1. 控制参数的设置

（1）基本信息的设置。主要包括企业名称、银行账号、启用年份与会计期间设置。

（2）坏账处理方式设置。企业应当按期估计坏账损失，计提坏账准备，当某一应收款项全部确认为坏账时，应根据其金额冲减坏账准备，同时转销相应的应收款项金额。

在账套使用过程中，如果当年已经计提过坏账准备，则坏账处理方式这一参数不能更改；如确需更改的，只能在下一年修改。

（3）应收款核销方式的设置。应收款核销是确定收款与销售发票、应收单据之间对应关系的操作，即指明每一次收款是哪几笔销售业务款项。应收管理模块一般提供按单据、按存货等核销方式。

（4）规则选项。一般包括核销是否自动生成凭证、预收冲应收是否生成转账凭证等。

2. 基础信息的设置

（1）设置会计科目。即定义应收管理模块凭证制单所需的基本科目。

（2）设置对应科目的结算方式。即设置对应科目的收款方式，主要包括现金、支票、汇票等。

（3）设置账龄区间。即为进行应收账款账龄分析，根据欠款时间，将应收账款划分为若干等级，以便掌握客户欠款时间的长短。

【例3－27】新增付款条件

付款条件编码：60D

付款条件名称：60天

到期日（天）：60

优惠日：20 天，折扣率：3%

优惠日：40 天，折扣率：1%

操作步骤：

（1）执行"基础编码——付款条件"命令，打开"付款条件"对话框。

（2）单击"新增"按钮，按照要求，输入题目中的资料。如图 3 - 49 所示。

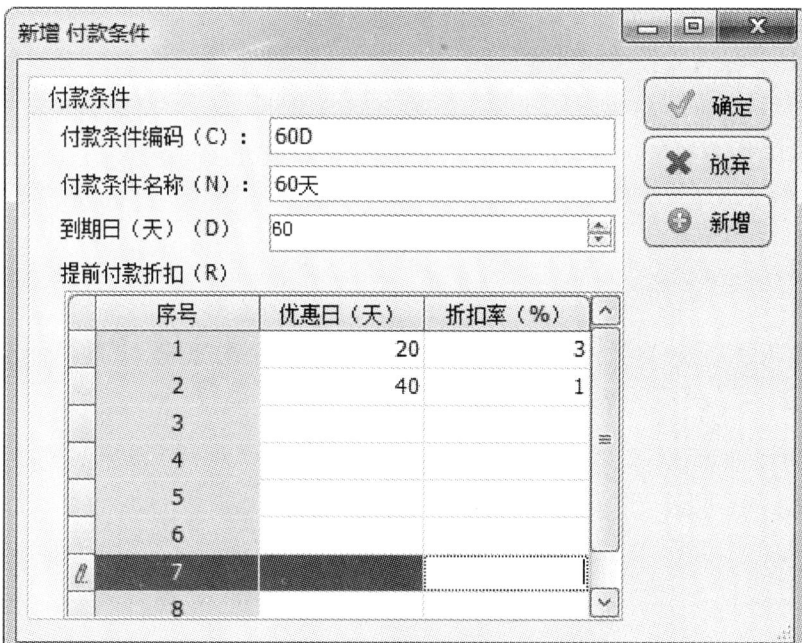

图 3 - 49　新增付款条件

（3）单击"确定"按钮，进行信息的保存。

考点 2　期初余额录入

初次使用应收管理模块时，要将系统启用前未处理完的所有客户的<u>应收账款、预收账款、应收票据等数据录入到系统，以便以后的核销处理</u>。一般包括初始单据、初始票据、初始坏账的录入。

当第二年度处理时，<u>应收管理模块自动将上年未处理完的单据转为下一年的期初余额</u>。

二、应收管理模块日常处理

考点 1　应收处理

1. 单据处理

（1）应收单据处理。企业的应收款来源于<u>销售发票（包括专用发票、普通发票）和其他应收单</u>。如果应收管理模块与销售管理模块同时使用，则销售发票必须在销售管理模块中填制，并在审核后自动传递给应收管理模块，<u>在应收管理模块中只需录入未计入销售货款和税款的其他应收单数据（如代垫款项、运输装卸费、违约金等）</u>；企业如果不使用销售管理模块，则全部业务单据都必须在应收管理模块中录入。

（2）收款单据处理。收款单据用来记录企业收到的客户款项。收款单据处理主要是对收款单和预收单进行新增、修改、删除等操作。

（3）单据核销。主要用于建立收款与应收款的核销记录，加强往来款项的管理，同时核销日期也是账龄分析的重要依据。

应收管理模块具有销售发票与其他应收单的新增、修改、删除、查询、预览、打印、制单、审核记账以及其他处理功能。

【例3-28】录入应收单并审核

1月10日，销售部赵飞向兴和公司销售甲商品1000元，增值税170元，付款条件60D。填制应收单。

操作步骤：

（1）执行"应收——应收借项"命令，打开"应收单"对话框，按要求输入应收单内容。如图3-50所示。

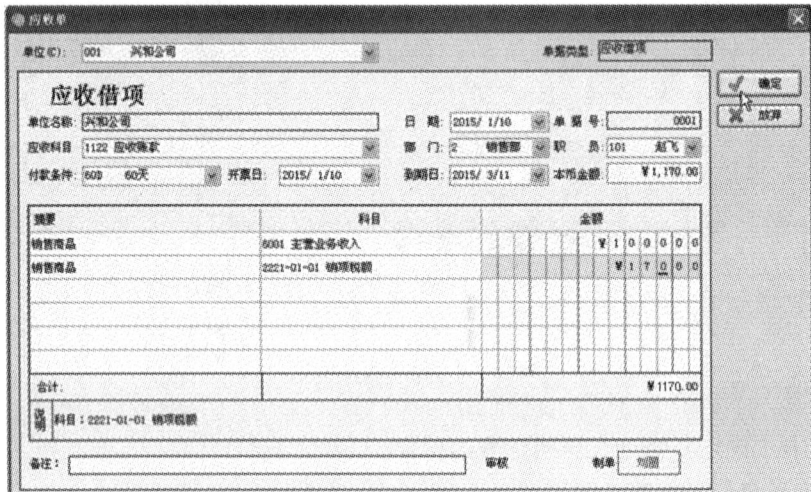

图3-50 应收单的填制

（2）选择相应的单据，单击"下一步"按钮，打开"凭证设置"对话框。选择凭证类别，输入凭证摘要。

（3）依次单击"下一步"、"完成"按钮，弹出"凭证已生成，是否查看凭证？"提示框，单击"是"按钮，应收凭证生成。如图3-51所示。

（4）更换操作员重新登录系统，执行"应收——单据列表"命令，打开"应收单据列表"对话框，选择要审核的单据，单击"单据审核"按钮，进行单据审核。

2. 转账处理

（1）应收冲应收。是指将一家客户的应收款转到另一家客户中。通过将应收款业务在客户之间转入、转出，实现应收业务的调整，解决应收款业务在不同客户间入错户和合并户等问题。

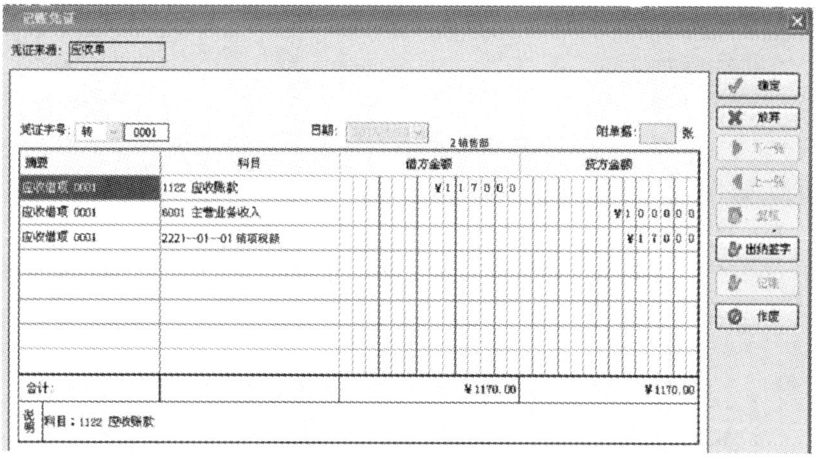

图3－51 应收凭证

（2）预收冲应收。用于处理客户的预收款和该客户应收欠款的转账核销业务。

（3）应收冲应付。是指用某客户的应收款冲抵某供应商的应付款项。通过应收冲应付，将应收款业务在客户和供应商之间进行转账，实现应收业务的调整，解决应收债权与应付债务的冲抵。

考点2 票据管理

票据管理用来管理企业销售商品、提供劳务收到的银行承兑汇票或商业承兑汇票。对应收票据的处理主要是对应收票据进行新增、修改、删除及收款、退票、背书、贴现等操作。

考点3 坏账处理

1. 坏账准备计提

坏账准备计提是系统根据用户在初始设置中选择的坏账准备计提方法，自动计算坏账准备金额，并按用户设置的坏账准备科目，自动生成一张计提坏账的记账凭证。

2. 坏账发生

用户选定坏账单据并输入坏账发生的原因、金额后，系统将根据客户单位、单据类型查找业务单据，对所选的单据进行坏账处理，并自动生成一张坏账损失的记账凭证。

3. 坏账收回

坏账收回是指已确认为坏账的应收账款又被收回。一般处理方法是：当收回一笔坏账时，先填制一张收款单，其金额即为收回坏账的金额；然后根据客户代码查找并选择相应的坏账记录，系统自动生成相应的坏账收回记账凭证。

考点4 生成记账凭证

应收管理模块为每一种类型的收款业务编制相应的记账凭证，并将凭证传递到账务处理模块。

三、应收管理模块期末处理

考点1 期末结账

当月业务全部处理完毕，在销售管理模块月末结账的前提下，可执行应收管理模块的月末结账功能。

考点2 应收账款查询

应收账款查询包括单据查询和账表查询。单据查询主要是对销售发票和收款单等单据的查询；账表查询主要是对往来总账、往来明细账、往来余额表的查询以及总账、明细账、单据之间的联查。

考点3 应收账龄分析

账龄分析主要是用来对未核销的往来账余额、账龄进行分析，及时发现问题，加强对往来款项动态的监督管理。

典型例题

【例题1·单选题】下列各项中，不属于应收管理模块中账簿查询内容的是（ ）。

A. 往来总账　　　　B. 往来明细账　　　　C. 往来余额表　　　　D. 应付账款明细账

【答案】D

【解析】应收账款查询包括单据查询和账表查询。单据查询主要是对销售发票和收款单等单据的查询；账表查询主要是对往来总账、往来明细账、往来余额表的查询，以及总账、明细账、单据之间的联查。

【例题2·多选题】下列各项中，属于应收管理模块日常处理的内容有（ ）。

A. 应收处理　　　　B. 应收账款查询　　　　C. 票据管理　　　　D. 坏账处理

【答案】ACD

【解析】应收管理模块日常处理的内容有应收处理、票据管理、坏账处理。应收账款查询属于应收管理模块期末处理。

第七节 应付管理模块的应用

考纲重点分布

七、应付管理模块的应用	1. 应付管理模块初始化工作	掌握
	2. 应付管理模块日常处理	掌握
	3. 应付管理模块期末处理	掌握

考点精解

一、应付管理模块初始化工作

考点1 控制参数和基础信息的设置

1. 控制参数设置

（1）基本信息的设置。主要包括企业名称、银行账号、启用年份与会计期间设置。

（2）应付款核销的设置。应付款核销是确定付款与采购发票、应付单据之间对应关系的操作，即指明每一次付款是哪几笔采购业务款项。应付管理模块一般提供按单据、按存货等核销方式。

（3）规则选项。一般包括核销是否自动生成凭证、预付冲应付是否生成转账凭证等。

2. 基础信息设置

（1）设置会计科目。指定义应付管理模块凭证制单所需的基本科目，如应付科目、预付科目、采购科目、税金科目等。

（2）设置对应科目的结算方式。即设置对应科目的付款方式，主要包括现金、支票、汇票等。

（3）设置账龄区间。指为进行应付账款账龄分析，根据欠款时间，将应付账款划分为若干等级，以便掌握对供应商的欠款时间长短。

考点2　期初余额录入

初次使用应付管理模块时，要将系统启用前未处理完的所有供应商的应付账款、预付账款、应付票据等数据录入到系统中，以便以后进行核销处理。

当第二年度处理时，系统会自动将上年未处理完的单据转为下一年的期初余额。

二、应付管理模块日常处理

考点1　应付处理

1. 单据处理

（1）应付单据处理。企业的应付款来源于采购发票（包括专用发票、普通发票）和其他应付单。如果应付管理模块与采购管理模块同时使用，采购发票必须在采购管理模块中填制，并在审核后自动传递给应付管理模块，应付管理模块中只需录入未计入采购货款和税款的其他应付单数据。企业如果不使用采购管理模块，则全部业务单据都必须在应付管理模块中录入。

应付管理模块具有对采购发票与其他应付单的新增、修改、删除、查询、预览、打印、制单、审核记账以及其他处理功能。

【例3-29】录入应付单并审核。

1月15日，采购部李明向科瑞有限公司购买A材料一批，价款2000元，增值税340元，已入库，付款条件60D。填制应付单。

操作步骤：

（1）执行"应付——应付贷项"命令，打开"应付单"对话框，按要求输入应付单内容。如图3-52所示。

（2）单击"确定"按钮，保存输入的信息。

（3）更换操作员重新登录系统，执行"应付——单据列表"命令，打开"应付单据列表"对话框，选择要审核的单据，单击"单据审核"按钮，进行单据审核。

（4）付款单据处理。付款单据是用来记录企业支付给供应商的款项。付款单据处理主要包括对付款单和预付单进行新增、修改、删除等操作。

（5）单据核销。主要用于建立付款与应付款的核销记录，加强往来款项的管理，同时核销日期也是账龄分析的重要依据。

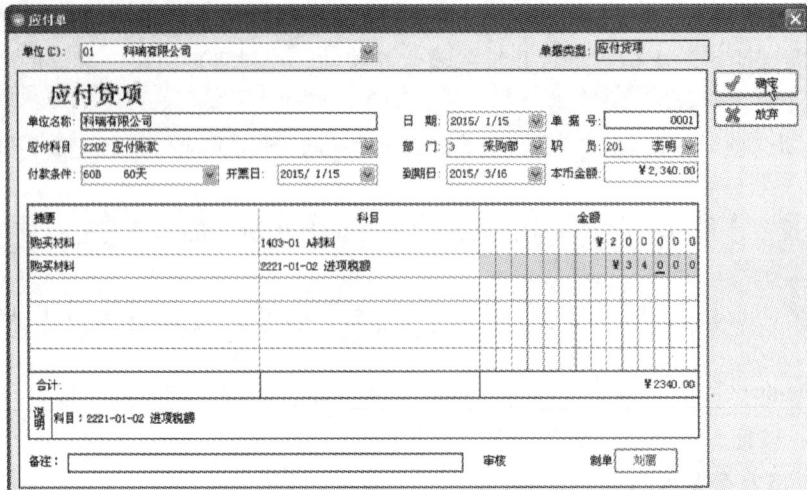

图 3-52　应付单据

2. 转账处理

（1）应付冲应付。是指将一家供应商的应付款转到另一家供应商中。通过将应付款业务在供应商之间转入、转出，实现应付业务的调整，解决应付款业务在不同供应商间入错户和合并户等问题。

（2）预付冲应付。用于处理供应商的预付款和对该供应商应付欠款的转账核销业务。

（3）应付冲应收。是指用某供应商的应付款，冲抵某客户的应收款项。通过应付冲应收，将应付款业务在供应商和客户之间进行转账，实现应付业务的调整，解决应付债务与应收债权的冲抵。

考点 2　票据管理

票据管理用来管理企业因采购商品、接受劳务等开出的商业汇票，包括银行承兑汇票和商业承兑汇票。对应付票据的处理主要是对应付票据进行新增、修改、删除及付款、退票等操作。

考点 3　生成记账凭证

应付管理模块为每一种类型的付款业务编制相应的记账凭证，并将记账凭证传递到账务处理模块。

【例 3-30】根据上述应付单生成凭证。

操作步骤：

（1）执行"应付管理——应付凭证"命令，打开"应付凭证"对话框。

（2）选择相应的单据，单击"下一步"按钮，打开"凭证设置"对话框。选择凭证类别，输入凭证摘要。如图 3-53 所示。

（3）依次单击"下一步"、"完成"按钮，弹出"凭证已生成，是否查看凭证？"提示框，单击"是"按钮。

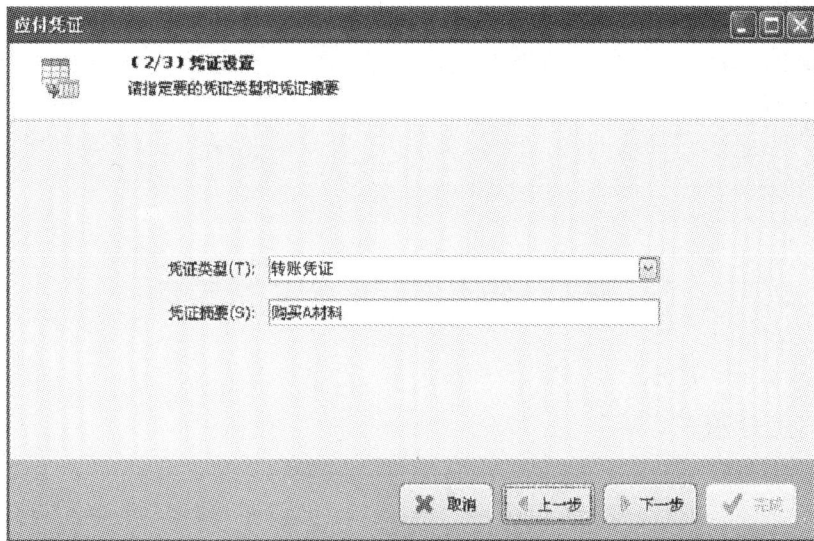

图 3-53　应付凭证

三、应付管理模块期末处理

考点1　期末结账

当月业务全部处理完毕，在采购管理模块月末结账的前提下，可执行应付管理模块的月末结账功能。

考点2　应付账款查询

应付账款查询包括单据查询和账表查询。单据查询主要是对采购发票和付款单等单据的查询；账表查询主要是对往来总账、往来明细账、往来余额表的查询以及总账、明细账、单据之间的联查。

考点3　应付账龄分析

账龄分析主要是用来对未核销的往来账余额、账龄进行分析，及时发现问题，加强对往来款项动态的监督管理。

典型例题

【例题1·单选题】下列各项中，不属于应付管理模块初始化工作内容的是（　　）。

A. 控制参数设置　　B. 基础信息设置　　C. 期初余额录入　　D. 单据处理

【答案】D

【解析】应付管理模块初始化工作包括：控制参数、基础信息的设置、期初余额录入。

【例题2·单选题】下列各项中，不属于应付管理模块中转账处理的内容是（　　）。

A. 应付冲应付　　B. 预付冲应付　　C. 应付冲应收　　D. 预收冲应收

【答案】D

【解析】应付管理模块转账处理包括应付冲应付、预付冲应付、应付冲应收。

【例题 3 · 多选题】 下列各项中，属于应付管理模块初始化工作内容的有（　　）。

A. 控制参数设置　　B. 基础信息设置　　C. 期初余额录入　　D. 单据处理

【答案】 ABC

【解析】 应付管理模块初始化工作内容包括：控制参数和基础信息的设置、期初余额录入。

第八节　报表管理模块的应用

考纲重点分布

八、报表管理模块的应用	1. 报表数据来源	掌握
	2. 报表管理模块应用基本流程	掌握
	3. 利用报表模板生成报表	掌握

考点精解

一、报表数据来源

考点 1　手工录入

报表中有些数据需要手工输入，如资产负债表中"一年内到期的非流动资产"和"一年内到期的非流动负债"需要直接输入数据。

考点 2　来源于报表管理模块其他报表

会计报表中，某些数据可能取自某会计期间同一会计报表的数据，也可能取自某会计期间其他会计报表的数据。

考点 3　来源于系统内其他模块

会计报表数据也可以来源于系统内的其他模块，包括账务处理模块、固定资产管理模块等。

二、报表管理模块应用基本流程

考点 1　格式设置

报表格式设置的具体内容一般包括定义报表尺寸、定义报表行高列宽、画表格线、定义单元属性、定义组合单元、设置关键字等。

1. 定义报表尺寸

定义报表尺寸是指设置报表的行数和列数。可事先根据要定义的报表大小，计算该表所需的行列，然后再进行设置。

2. 定义行高和列宽

设置行高、列宽应以能够放下本表中最高数字和最宽数据为原则，否则在生成报表时，会产生数据溢出的错误。

3. 画表格线

为了满足查询打印的需要，在报表尺寸设置完毕、报表输出前，还需要在适当的位置上画表格线。

4. 定义单元属性

定义单元属性包括设置单元类型及数据格式、数据类型、对齐方式、字形、字体、字号及颜色、边框样式等内容。

5. 定义组合单元

把几个单元作为一个单元来使用即为组合单元。所有针对单元的操作对组合单元同样有效。

考点2 公式设置

在报表中，由于各报表的数据间存在着密切的逻辑关系，所以报表中各数据的采集、运算需要使用不同的公式。报表中主要有计算公式、审核公式和舍位平衡公式。

1. 计算公式

计算公式是指对报表数据单元进行赋值的公式，是必须定义的公式。计算公式的作用是从账簿、凭证、本表或他表等处调用、运算所需要的数据，并填入相关的单元格中。

2. 审核公式

审核公式用于审核报表内或报表间的数据勾稽关系是否正确。审核公式不是必须定义的。

审核公式由关系公式和提示信息组成。审核公式把报表中某一单元或某一区域与另外某一单元或某一区域或其他字符之间用逻辑运算符连接起来。

3. 舍位平衡公式

舍位平衡公式用于报表数据进行进位或小数取整后调整数据，如将以"元"为单位的报表数据变成以"万元"为单位的报表数据，表中的平衡关系仍然成立。舍位平衡公式不是必须定义的。

考点3 数据生成

报表公式定义完成后，或者在报表公式未定义完需要查看报表数据时，将报表切换到显示数据的状态，就生成了报表的数据。

考点4 报表文件的保存

对于新建的报表文件，用户需要对其进行保存。

考点5 报表文件的输出

会计报表输出是报表管理系统的重要功能之一。会计报表按输出方式不同，通常分为屏幕查询输出、图形输出、磁盘输出、打印输出和网络传送五种类型。

1. 屏幕查询输出

报表屏幕查询输出简称为查询输出，又称屏幕输出、屏幕显示、显示输出，是最常见的一种输出方式。

2. 图形输出

根据报表的数据生成图形时，系统会显示与会计报表数据有关的图形，便于分析会计报表。

3. 磁盘输出

磁盘输出一般指将报表以文件的形式输出到磁盘，以便上报下传。

4. 打印输出

打印输出是指将编制出来的报表以纸介质的形式表现出来。

不同的会计报表，打印输出的要求不同。其中，库存现金日记账、银行存款日记账需要每日打印，资产负债表、利润表等月报要求每月打印。

5. 网络传送

网络传送方式是通过计算机网络将各种报表从一个工作站传递到另一个或几个工作站的报表传输方式。

三、利用报表模板生成报表

报表管理模块通常提供按行业设置的报表模板，为每个行业提供若干张标准的会计报表模板，以便用户直接从中选择合适的模板快速生成固定格式的会计报表。用户不仅可以修改系统提供报表模板中的公式，而且可以生成、调用自行设计的报表模板。

典型例题

【**例题1·单选题**】（   ）包括设置单元类型及数据格式、数据类型、对齐方式、字形、字体、字号及颜色、边框样式等内容。

A. 定义单元属性   B. 设置报表格式

C. 定义报表尺寸   D. 设置关键字

【**答案**】A

【**解析**】定义单元属性包括设置单元类型及数据格式、数据类型、对齐方式、字形、字体、字号及颜色、边框样式等内容。

【**例题2·多选题**】下列各项，属于报表格式设置的内容的有（   ）。

A. 单元属性   B. 组合单元   C. 报表行高列宽   D. 报表尺寸

【**答案**】ABCD

【**解析**】报表格式设置的具体内容一般包括定义报表行高列宽、定义单元属性、定义组合单元、报表尺寸等。

第四章　电子表格软件在会计中的应用

章节简介

本章主要介绍 Excel 软件的基本操作、编辑工作表以及财务函数的使用方式。要求学员在学习本章的过程中必须配合实际练习，从而掌握软件的操作方法。

第一节　电子表格软件概述

考纲重点分布

一、电子表格软件概述	1. 常用电子表格软件	了解
	2. 电子表格软件的主要功能	了解
	3. Excel 软件的启动与退出	了解
	4. Excel 软件的用户界面	了解
	5. Excel 文件管理	了解

考点精解

一、常用的电子表格软件

电子表格又称电子数据表，是指由特定软件制作而成的，用于模拟纸上计算的由横竖线条交叉组成的表格。

Windows 操作系统下常用的电子表格软件主要有微软的 Excel、金山 WPS 电子表格等；Mac 操作系统下则有苹果的 Numbers，该软件同时可用于 iPad 等手持设备。此外，还有专业的表格软件如 Lotus Notes、第三方电子表格软件 Formula One 等。

微软的 Excel 软件（以下简称 Excel）是美国微软公司研制的办公自动化软件 Office

的重要组成部分，目前已经广泛应用于会计、统计、金融、财经、管理等众多领域。考虑到其操作简单直观、应用范围广泛、用户众多且与其他电子表格软件具有很好的兼容性，未特别说明时，本大纲主要介绍 Excel 有关内容。考试大纲以 Excel 2003 为主。

Excel 2003 默认的用户界面如图 4 - 1 所示。

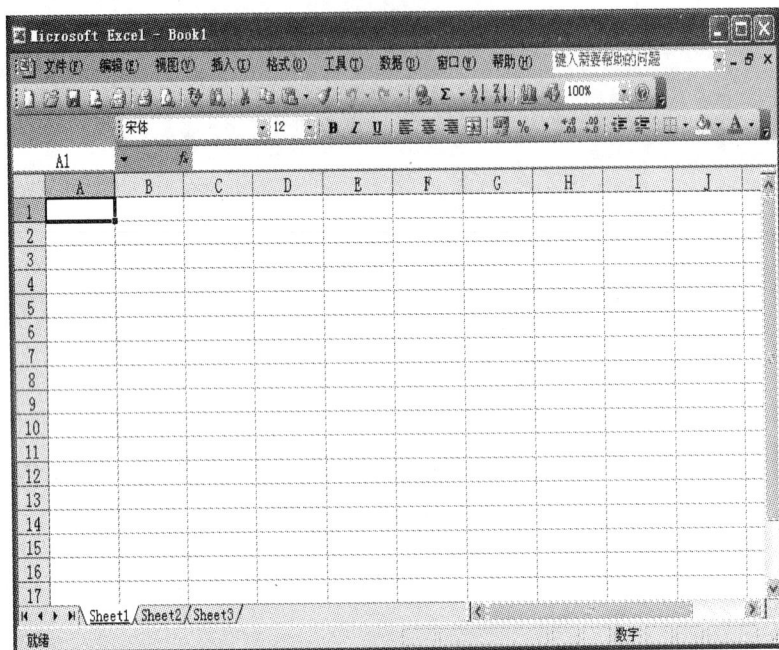

图 4 - 1　Excel 2003 默认的用户界面

Excel 2013 默认的用户界面如图 4 - 2 所示。

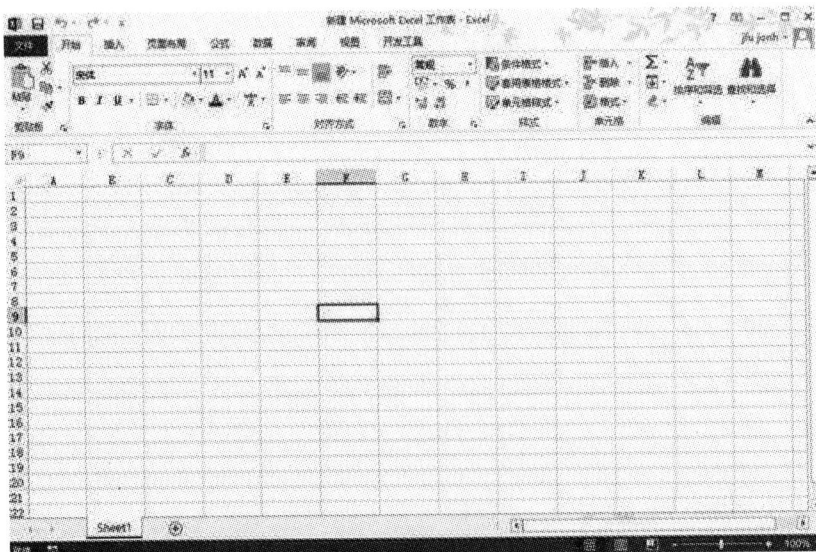

图 4 - 2　Excel 2013 默认的用户界面

二、电子表格软件的主要功能

电子表格软件的主要功能有建立工作簿、管理数据、实现数据网上共享、制作图表、开发应用系统。

考点1 建立工作簿

Excel 启动后，即可按照要求建立一个空白的工作簿文件，每个工作簿中含有一张或多张空白表格。这些屏幕上显示出来的默认由灰色横竖线条交叉组成的表格被称为工作表（Sheet1），又称电子表格。工作簿如同活页夹，工作表如同其中的一张张活页纸，且各张工作表之间的内容相对独立。工作表是 Excel 存储和处理数据的最重要的部分。每张工作表由若干行和列组成，行和列交叉形成单元格。单元格是工作表的最小组成单位，单个数据的输入和修改都在单元格中进行，每一单元格最多可容纳 32000 个字符。单元格是 Excel 内容的实际书写编辑区，可以在其中输入文字、数字、日期、公式等。单元格图示如图 4-3 所示。

图 4-3 Excel 2003 单元格

在 Excel 2003 中，每个工作簿默认含有 3 张工作表，每张工作表由 65536 行和 256 列组成；在 Excel 2013 中，每个工作簿默认含有 1 张工作表，该工作表由 1048576（65536 × 16）行和 16384（256 × 64）列组成。默认的工作表不够用时，可以根据需要予以适当添加。每个工作簿含有工作表的张数受计算机内存大小的限制。

考点2 管理数据

用户不仅可以直接在 Excel 单元格中输入、存储数据，编制销量统计表、科目汇总表、试算平衡表、资产负债表、利润表以及大多数数据处理业务所需的表格，而且可以利用计算机自动、快速地对工作表中的数据进行检索、排序、筛选、分类、汇总等操作，还可以运用运算公式和内置函数，对数据进行复杂的运算和分析。

考点3 实现数据网上共享

通过 Excel，用户可以创建超级链接，获取局域或互联网上的共享数据，也可将自己的工作簿设置成共享文件，保存在互联网的共享网站中，让世界上任何位置的互联网用户共享工作簿文件。

考点4 制作图表

Excel 提供了散点图、柱形图、饼图、条形图、面积图、折线图、气泡图、三维图等 14 类 100 多种基本图表。Excel 不仅能够利用图表向导方便、灵活地制作图表，而且可以很容易地将同一组数据改变成不同类型的图表，以便直观地展示数据之间的复杂关系；不仅能够任意编辑图表中的标题、坐标轴、网络线、图例、数据标志、背景等各种对象，而且可以在图表中添加文字、图形、图像和声音等，使精心设计的图表更具说服力。

考点5 开发应用系统

Excel 自带 VBA 宏语言，用户可以根据这些宏语言，自行编写和开发一些满足自身管理需要的应用系统，有效运用和扩大 Excel 的功能。

三、Excel 软件的启动与退出

考点1 Excel 软件的启动

通常可以采用下列方法启动 Excel 软件：

1. 点击"开始"菜单中列示的 Excel 快捷命令

单击桌面左下角的"开始"菜单（或敲击键盘上的微软徽标键），进入"所有程序"，打开"Microsoft Office"菜单（菜单名称因安装的版本可能不尽相同，此处以 Excel 2003 为例，下同），从中选定菜单命令"Microsoft Office Excel 2003"，即可启动 Excel 软件（见图 4－4）。同时建立一个新的文档，该文档在 Excel 软件中被默认为工作簿。启动 Excel 后建立的第一个空白工作簿的缺省名和扩展名，在 Excel 2003 中分别默认为"Book1"和".xls"（在 Excel 2013 中则分别为"工作簿 1"和".xlsx"），也可以另存为其他名字和类型的文件。

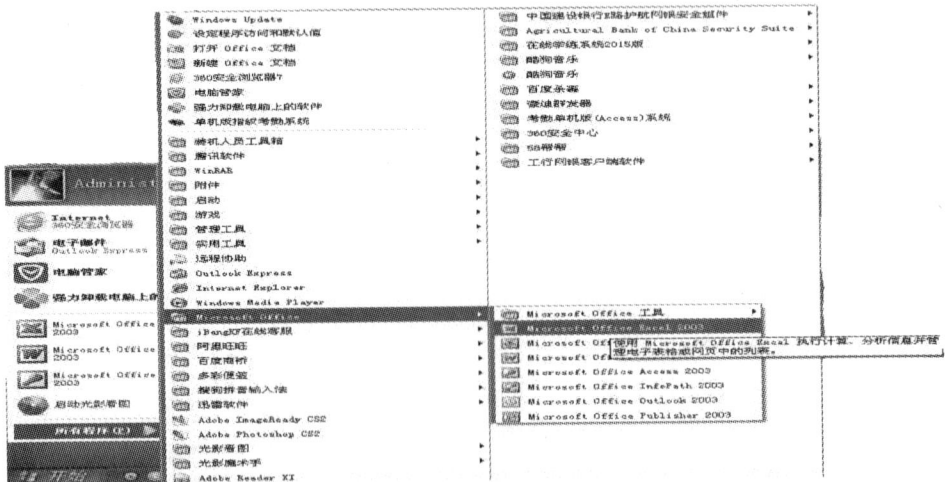

图 4－4 Excel 2003 打开方式（Windows XP）

2. 点击桌面或任务栏中 Excel 的快捷方式图标

这种方法的前提是桌面或任务栏中已经创建了 Excel 快捷方式图标。

双击位于桌面的 Excel 快捷方式图标，可以快速启动 Excel，同时建立一个新的空白工作簿。

在桌面上创建 Excel 快捷方式图标的方法通常有两种：①鼠标右键单击桌面，选择"新建"菜单中的"Microsoft Office Excel"。②在安装 Excel 软件的文件夹中右键单击"Excel.exe"图标，选定菜单中的"创建快捷方式"（或敲击"S"键）后，点击"确定"按钮（或敲击"Enter"键）。

在任务栏中创建 Excel 快捷方式图标的方法通常有两种：①单击桌面上的"开始"菜单（或敲击键盘上的微软徽标键），进入"所有程序"，打开"Microsoft Office"菜单，单击鼠标右键"Microsoft Office Excel 2003"的快捷命令，选择菜单中的"锁定到任务栏"（或）敲击"K"键，"Microsoft Office Excel"图标自动显示在任务栏上。②在安装 Excel 软件的文件夹中选中"Excel.exe"图标，将其拖拽到任务栏上（或敲击"Enter"键）。

3. 通过"运行"对话框启动 Excel 软件

同时敲击键盘上的微软徽标键和"R"键（或单击"开始"菜单，进入"所有程序"，打开"附件"后点击其中的菜单命令"运行"），打开"运行"对话框，点击"浏览"按钮，进入安装 Excel 软件的文件夹，选中"Excel.exe"文件，点击"打开"按钮后点击"确定"按钮（或敲击"Enter"键）。操作完成后，Excel 启动，同时建立一个新的空白工作簿。

4. 打开现成的 Excel 文件

双击现成的 Excel 文件（或选定 Excel 文件，单击鼠标右键，在弹出的快捷菜单中选择"打开"选项），通过打开该文件来启动 Excel 软件。

考点2　Excel 软件的退出

通常可以采用下列方法退出 Excel 软件：

1. 点击标题栏最右边的关闭按钮

如果当前只有一个工作簿在运行，无论光标位于工作簿何处，点击标题栏最右边的关闭按钮"×"后，Excel 软件将被退出。如果退出前有编辑的内容未被保存，将出现提示是否保存的对话框。

如果当前有多个工作簿文件在运行，点击标题栏最右边的关闭按钮"×"后，光标所在的文件被关闭，其他处于打开状态的 Excel 文件仍在运行，Excel 软件并未退出。只有重复点击该按钮，直至这些文件均被关闭后，Excel 软件才能退出。

2. 点击"关闭窗口"或"关闭所有窗口"命令

右键单击任务栏中的 Excel 图标，打开菜单选项，点击"关闭窗口"（当前处于打开状态的文件只有 1 个）或"关闭所有窗口"（当前处于打开状态的文件为多个）命令即可退出 Excel 文件。如果退出前有编辑的内容未被保存，将出现提示是否保存的对话框。文件被关闭后，Excel 软件也随之退出。

3. 敲击快捷键"Alt + F4"

如果当前只有一个工作簿在运行，无论光标位于工作簿何处，敲击"Alt + F4"键后，Excel 软件将被退出。如果退出前有编辑的内容未被保存，将出现提示是否保存的对话框。

如果当前有多个工作簿文件在运行，敲击"Alt + F4"键后，光标所在的文件被关闭，其他处于打开状态的 Excel 文件仍在运行，Excel 软件并未退出。

四、Excel 软件的用户界面

Excel 软件启动后，通常会建立一个新的空白工作簿或者打开一个现有的工作簿，并在屏幕上呈现一个最大化的工作簿窗口（简称窗口）。这一窗口是用户操作 Excel 软件的重要平台，被称为默认的用户界面。

Excel 软件的默认用户界面因版本不同而有所区别。其中，<u>Excel 2003 及以下版本的默认用户界面基本相同，由标题栏、菜单栏、工具栏、编辑区、工作表区、状态栏和任务窗格等要素组成；Excel 2007 及以上版本的默认用户界面基本相同，主要由功能区、编辑区、工作表区和状态栏要素组成。</u>

考点 1 标题栏

标题栏位于窗口的最上方，依次列示 Excel 软件的图标、文档的标题和控制 Excel 窗口的按钮（见图 4-5）。

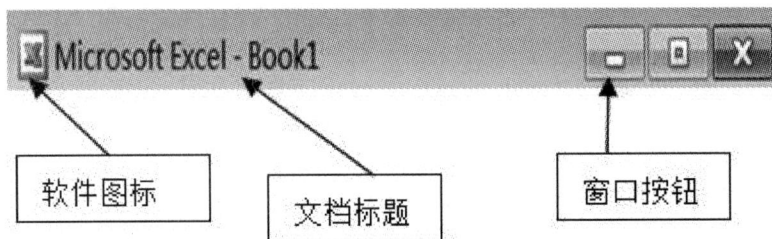

图 4-5 Excel 2003 标题栏

考点 2 菜单栏

Excel 2003 的菜单栏默认位于标题栏的下方，但可移动到窗口的其他适当位置，包含"文件"、"编辑"、"视图"、"插入"、"格式"、"工具"、"数据"、"窗口"和"帮助"等 9 个默认的菜单项，包括 Excel 的全部操作命令，每一菜单项分别含有对工作表进行操作的一组功能相关的命令选项。<u>命令后面带有"…"的，表示选择了这一命令后将打开该命令的对话框；命令后面带有"▶"的，表示该选项后面带有一个子菜单。</u>

菜单栏如图 4-6 所示。

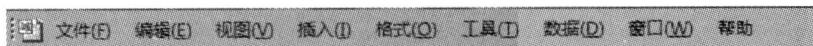

图 4-6 Excel 2003 菜单栏

1. 启用菜单命令或对话框的常用方法

（1）单击含有能够完成某项任务的命令的菜单项标题，以下拉菜单的形式弹出一个由若干项功能相关的命令选项所组成的命令列表，根据需要从中选择恰当的命令。当菜单项是灰色时，表示不能执行该命令。

（2）单击"Alt"键后，敲击该菜单标题右旁括号内带下划线的字母键，命令列表随之打开，接着敲击命令名右旁括号内带下划线的字母键。

菜单栏在窗口中移动到适当位置的方法通常是将鼠标指向菜单栏的标题栏，然后按下鼠标左键，将菜单栏拖动到目标位置，松开鼠标左键即可。菜单栏的标题栏如果被遮挡，可将鼠标指向菜单栏最左端的虚竖线，待鼠标出现四向箭头时，按下鼠标左键进行拖动。

2. 从菜单栏中删除、移动、复制、增加菜单项的方法

（1）按住 Alt 键，选中需要删除、移动或复制的菜单项，将该菜单项拖离菜单栏，并在指针显示为一个带有"×"的工具图标时释放鼠标和 Alt 键，在菜单栏中删除这一菜单项；如果将该菜单项拖动到菜单栏或工具栏中的适当位置后，再释放鼠标和 Alt 键，完成该菜单项的移动任务；如果在拖动的同时按住 Ctrl 键，并在指针显示为一个带有"＋"的工具图标时释放鼠标、Ctrl 键和 Alt 键，则为该菜单项在菜单栏或工具栏中的适当位置创建一个副本。

（2）单击"工具"菜单项，选定"自定义"命令打开"自定义"对话框后，选中需要删除、移动或复制的菜单项，将该菜单项拖离菜单栏，并在指针显示为一个带有"×"的工具图标时释放鼠标，在菜单栏中删除这一菜单项；如果拖动到菜单栏或工具栏中的适当位置后，释放鼠标左键，完成该菜单项的移动任务；如果在拖动的同时按住 Ctrl 键，并在指针显示为一个带有"＋"的工具图标时释放鼠标，则为该菜单项在菜单栏或菜单栏中的适当位置创建一个副本。

考点3 工具栏

工具栏默认位于菜单栏的下方，但可移动到窗口的其他适当位置，它由一系列与菜单选项命令具有相同功能的按钮组成。每个按钮代表一个命令，能更加快捷地完成相应的操作。

用户不仅可以自行设定工具栏的显示、隐藏及其在窗口中的位置，而且可以自行设定工具栏中的按钮及其在工具栏中的位置。

Excel 2003 默认显示"常用工具栏"和"格式工具栏"两个工具栏，用户还可以根据实际需要，显示或隐藏适应于特定功能的其他工具栏。

隐藏或显示工具栏的两种常用方法是：①在工具栏或菜单栏任意位置单击鼠标右键，打开工具栏列表，从中选定或取消相应的工具栏。②在菜单栏单击"视图"菜单，在打开的命令列表中指向"工具栏"选项，打开"工具栏"列表，从中选定或取消相应的工具栏名称，即可显示或隐藏相应的工具栏（见图4-7）。

将工具栏在窗口中移动到适当位置的方法通常是将鼠标指向工具栏的标题栏，然后按下鼠标左键，将工具栏拖动到目标位置，松开鼠标左键即可。工具栏的标题栏如果被遮挡，可将鼠标指向工具栏最左端的虚竖线，待鼠标出现四向箭头时，按下鼠标左键进行拖动。

在工具栏中删除、移动、复制、增加按钮的方法包括：

（1）按住 Alt 键，选中需要删除、移动或复制的按钮，将该按钮拖离工具栏，并在指针显示为一个带有"×"的工具图标时释放鼠标和 Alt 键，则在工具栏中删除这一按钮；如果将该按钮拖动到工具栏或菜单栏中的适当位置后，再释放鼠标和 Alt 键，则完成该按钮的移动任务；如果在拖动的同时按住 Ctrl 键，并在指针显示为一个带有"＋"的工具栏图标时释放鼠标、Ctrl 键和 Alt 键，则为该按钮在工具栏或菜单栏中的适当位置创建一个副本。

图 4 - 7　Excel 2003 工具栏

（2）单击"工具"菜单项，选定"自定义"命令打开"自定义"对话框后，选中需要删除、移动或复制的按钮，将该按钮拖离工具栏，并在指针显示为一个带有"×"的工具图标时释放鼠标，在工具栏中删除这一按钮；如果拖动到工具栏或菜单栏中的适当位置后，释放鼠标左键，完成该按钮的移动任务；如果在拖动的同时按住 Ctrl 键，并在指针显示为一个带有"＋"的工具栏图标时释放鼠标，则为该按钮在工具栏或菜单栏中的适当位置创建一个副本。

（3）鼠标单击工具栏右下角向下展开的按钮"▼"，弹开下拉菜单，单击"添加或删除"按钮右下角向下展开的按钮"▼"，打开"自定义"对话框后，选中需要删除、移动或复制的按钮，再按上述方法（2）中的步骤进行相应处理。

（4）为了能快速打开常用的命令，除采用上述三种从其他工具栏移动或复制按钮的方法在工具栏中增加按钮外，还可以将"自定义"对话框"命令"选项卡中的相关命令拖放到工具栏上，生成快捷按钮。

添加或删除按钮对话框如图 4 - 8 所示。

考点 4　编辑区

编辑区默认位于工具栏的下方，由名称框、取消输入按钮、确认输入按钮、插入函数按钮和编辑栏构成，用来显示当前单元格的名字和当前单元格的内容、取消或确认本次输入的数据或公式。

编辑区如图 4 - 9 所示。

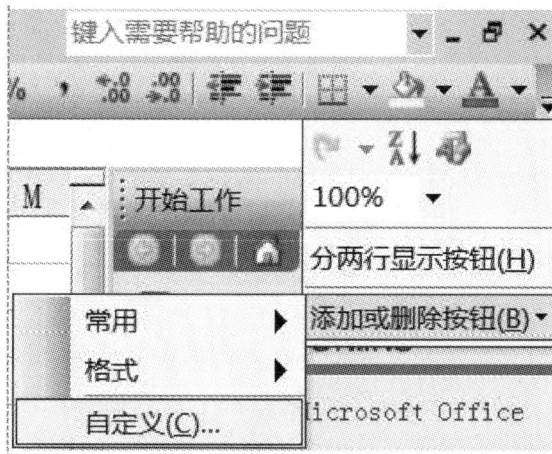

图 4-8 添加或删除按钮对话框

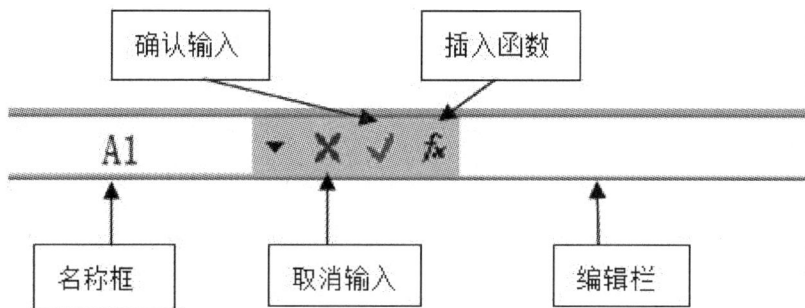

图 4-9 Excel 2003 编辑区

位于编辑栏最左边的条形区域是名称框，用于显示、定义或更改活动单元格或单元格区域的名称，以及快速定位到所指定名称的单元格或单元格区域。

位于编辑栏最右边的条形区域是编辑栏，也称编辑框或公式栏，用于显示、输入或编辑活动单元格或图表中的数据和公式。单击单元格进行输入时，其内容在编辑栏中被同步显示，相反，也可以单击编辑栏进行输入，对应单元格中的显示也是同步的。默认情况下，编辑框中显示活动单元格的数据和公式，单元格中显示计算结果和格式化之后的内容。当然，可以根据实际需要选择直接在单元格里或者编辑栏中查看单元格中的所有内容。

位于名称框和编辑栏中间的"×"、"√"和"fx"三个按钮，分别用于取消输入、确认输入和插入函数。

编辑区不能在窗口中直接进行移动，但其相对位置会随着菜单栏、工具栏的移动而自动上下调整，并且可以通过以下两种方式在显示和隐藏之间进行切换：①选中或取消"视图"菜单（或选项卡）的"编辑栏"选项；②进入"Excel 选项"对话框，在"显示"区域选中或取消"编辑栏"选项。

考点5　工作表区

工作表区默认位于编辑区的下方，是 Excel 文件用于存储和处理数据的专门区域，由工作表、工作表标签、标签滚动按钮、滚动条和滚动条按钮、列和列号、行和行号、全选按钮、单元格等要素组成。

1. 工作表

工作表也称电子表格，是窗口中默认以灰色横竖线条交叉组成的表格。一个新工作簿默认由一张或多张工作表构成（如 Excel 2013 默认为 1 张，Excel 2003 默认为 3 张），新工作簿内默认工作表的张数可以自定义。在 Excel 2003 中，通过选择"工具"菜单的"选项"命令，在"选项"对话框中选取"常规"选项卡，在"新工作簿内的工作表张数"右边的选择框中输入目标张数；Excel 2013 中，可以通过选择"文件"菜单的"选项"命令等方式进入"Excel 选项"对话框，选定"常规"选项卡，在"新建工作簿"区域的"包含的工作表数"右边的选择框中输入目标张数。

Excel 2003 工作界面如图 4 – 10 所示。

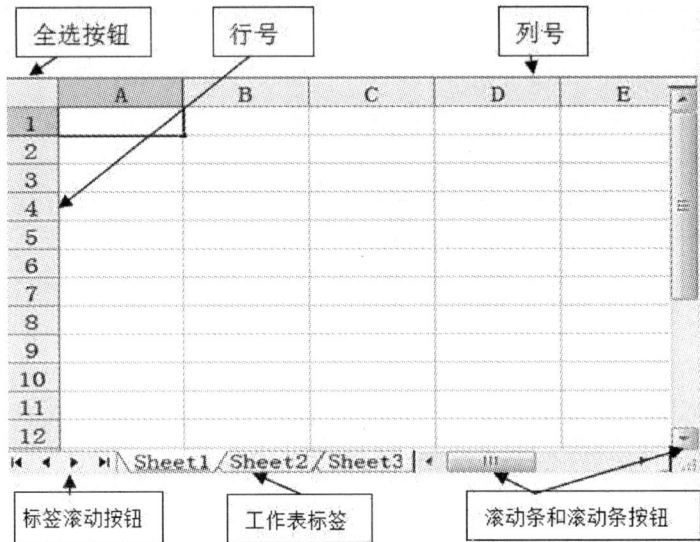

图 4 – 10　Excel 2003 工作界面

Excel 2003"选项"对话框"常规"选项卡如图 4 – 11 所示。

Excel 2013"Excel 选项"对话框"常规"选项卡如图 4 – 12 所示。

在 Excel 2003 中，在活动工作簿中添加一张新空白工作表的常用方法有：

（1）鼠标左键单击窗口底部处于该位置右边的工作表标签，单击"插入"菜单，从中选定"工作表"命令，即可新建工作表。

（2）单击鼠标右键窗口底部处于目标位置右边的工作表标签，弹出快捷菜单，单击"插入"菜单命令，打开"插入"对话框，单击"工作表"图标，单击"确定"按钮后，即可在目标位置新建一张工作表。

这两种方法同样适用于 Excel 2013，但 Excel 2013 中还可以通过单击"新工作表"按钮，在活动工作表的右边快速插入一张新的空白工作表。

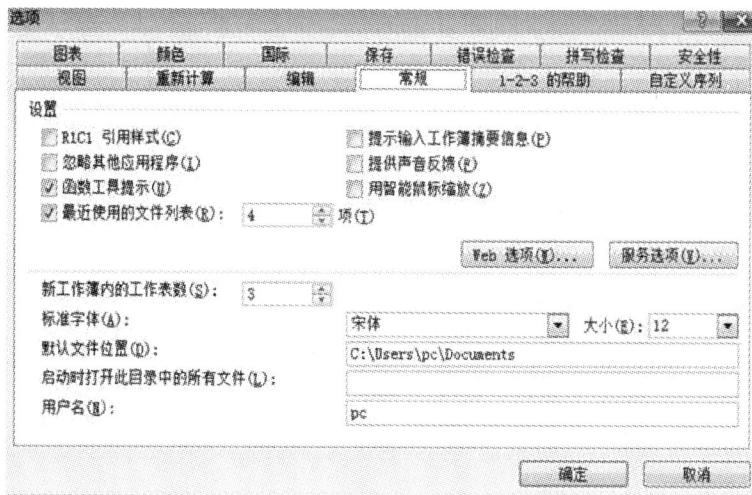

图 4 - 11　Excel 2003"选项"对话框"常规"选项卡

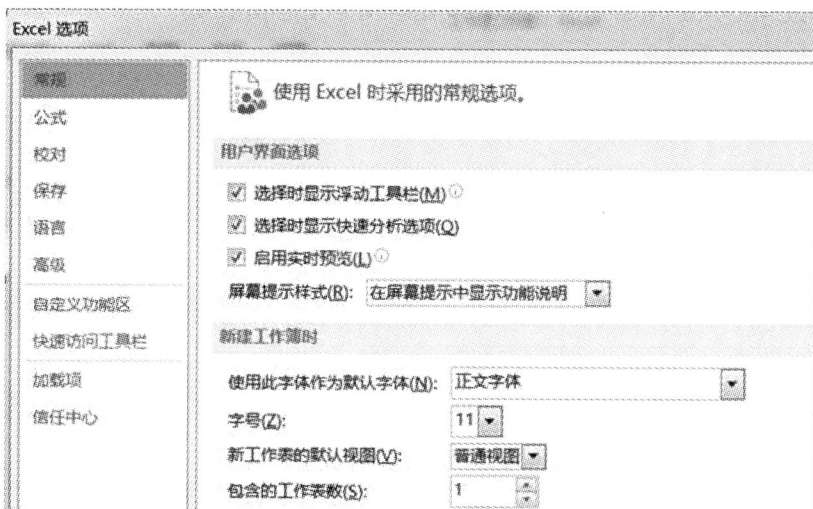

图 4 - 12　Excel 2013"Excel 选项"对话框"常规"选项卡

Excel 2003 插入新工作表如图 4 - 13 所示。

Excel 2013 插入新工作表如图 4 - 14 所示。

此外，单击快捷菜单中的"删除"菜单，工作表即被删除；单击快捷菜单中的"移动或复制工作表"菜单，打开"移动或复制工作表"对话框，可将活动工作表移动到指定位置，如果选中"建立副本"前面的方框，工作表则被复制到指定位置。

2. 工作表标签和标签滚动按钮

工作表标签是指位于工作表下方左端的标签显示区（又称标签栏或标签框），用来标示每张工作表名称和对活动工作表进行切换的按钮。Excel 2003 默认在标签显示区显示前3 个工作表的名称，从左向右依次为 Sheet1、Sheet2、Sheet3。其中当前正在操作的工作表为活动工作表，其标签默认为白底黑字，而其他工作表的标签默认为灰底黑字。Excel 启动后，新建工作簿默认的活动工作表为 Sheet1；打开现有工作簿后，默认的活动工作表为该工作簿最近一次存储时光标所在的工作表。单击某个工作表标签后，该工作表即被切换为活动工作表。

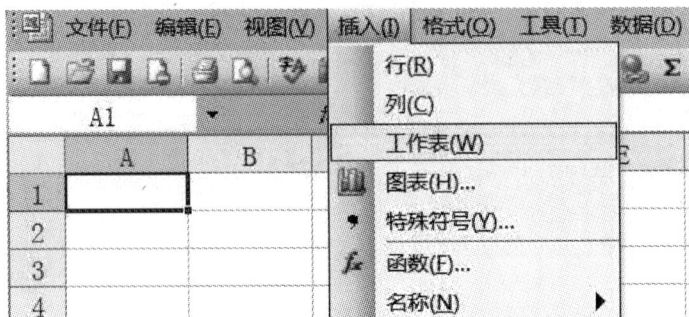

图 4 – 13　Excel 2003 插入新工作表

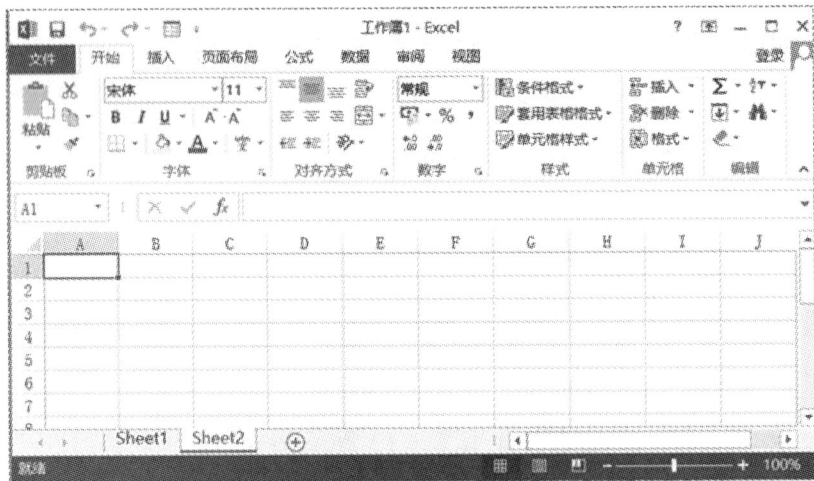

图 4 – 14　Excel 2013 插入新工作表

拖拽工作表标签将选定的工作表移动或复制到指定的位置的方法：左键单击目标工作表标签不放，将其拖拽到目标位置后释放左键即可，相关工作表标签的相对位置随之发生改变。如果拖动工作表标签的同时按住 Ctrl 键不放，选定的工作表则被复制到指定位置，新表默认采用原表名称在其后面依次加上左小圆括号、自然数和右小圆括号的方式命名，其中自然数代表被复制的次数。

对工作表进行重命名的方法包括：①双击需要重命名的工作表标签，该标签的颜色默认反向显示为蓝底白字，表示该标签已经处于编辑状态，输入新的名称，敲击"Enter"

键或者单击该标签以外的适当区域，即可实现重命名。②右键点击目标工作表标签，从弹出的快捷菜单中选定"重命名"命令，输入新的名称进行重命名。③选中工作表标签，通过菜单栏的"格式"选择"工作表"，从下一级菜单中选择"重命名"。

设置工作表标签颜色的常用方法包括：①右键点击需要设置颜色的工作表标签，弹出快捷菜单，选择"工作表标签颜色"子菜单，打开"设置工作表标签颜色"对话框，选择工作表标签的颜色，然后单击"确定"按钮即可。②单击"格式"菜单，选定"工作表"子菜单，选择"工作表标签颜色"子菜单，后续步骤与方法①相同。

Excel 2003 设置工作表标签颜色如图 4-15 所示。

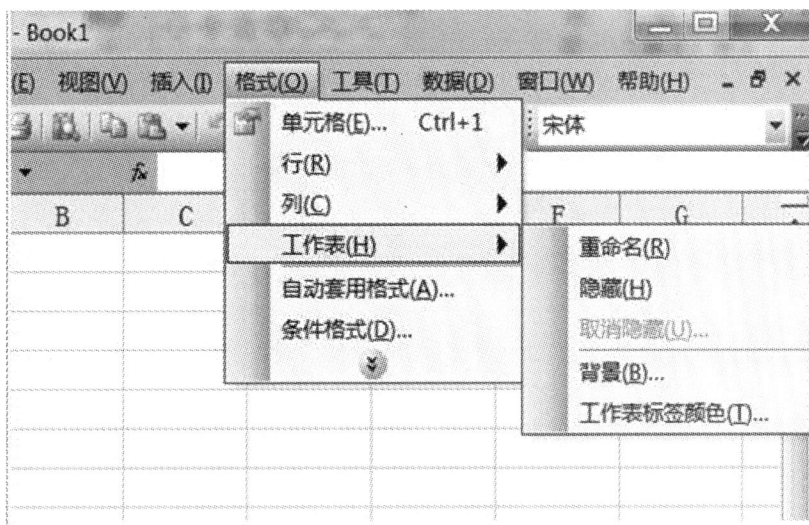

图 4-15 Excel 2003 设置工作表标签颜色

如果一个工作簿所包含工作表的张数较多，当前标签显示区中不能显示全部工作表标签时，可以通过以下三种方法将被标签显示区遮挡的工作表标签在当前标签显示区中显现出来：①适当向右移动标签拆分框来增加当前标签显示区的长度。②单击标签滚动按钮。这种方法适用于不调整标签显示区的长度或者当前标签显示区已处于最长状态的情形。③右键单击任一标签滚动按钮，从工作表标签列表中选定目标工作表标签，选中"视图"选项卡，在"窗口选项"区域选中或取消"工作表标签"。

3. 滚动条和滚动条按钮

工作表内容在一个屏幕中无法全部显示时，当前屏幕未能显示出来的部分，可通过鼠标拖动滚动条或点击滚动条按钮来显示。位于工作表下方右端的滚动条（或滚动条按钮，下同）被称为水平滚动条或横向滚动条；位于窗口右边的滚动条被称为垂直滚动条或纵向滚动条。

向左拖动水平滚动条或点击、按住水平滚动条左边的按钮，工作表将整体向右水平移动；向右拖动水平滚动条或点击、按住水平滚动条右边的按钮时，工作表将整体向左水平移动。

向上拖动垂直滚动条或点击、按住垂直滚动条上端的按钮，工作表将整体向下垂直移动；向下拖动垂直滚动条或点击、按住垂直滚动条下端的按钮时，工作表将整体向上垂直移动。

在 Excel 2003 水平滚动条按钮最右端的小竖条标记被称为"窗口垂直拆分框"，用于快速将窗口拆分成任意大小的左右两部分；而垂直滚动条按钮最上方的小横块状标记被称为"窗口水平拆分框"，用于将窗口快速拆分成任意大小的上下两部分。Excel 2013 中删除了"拆分框"控件，只能使用功能区上的"拆分"按钮将窗口拆分为窗格。

Excel 2003 窗口垂直拆分如图 4－16 所示。

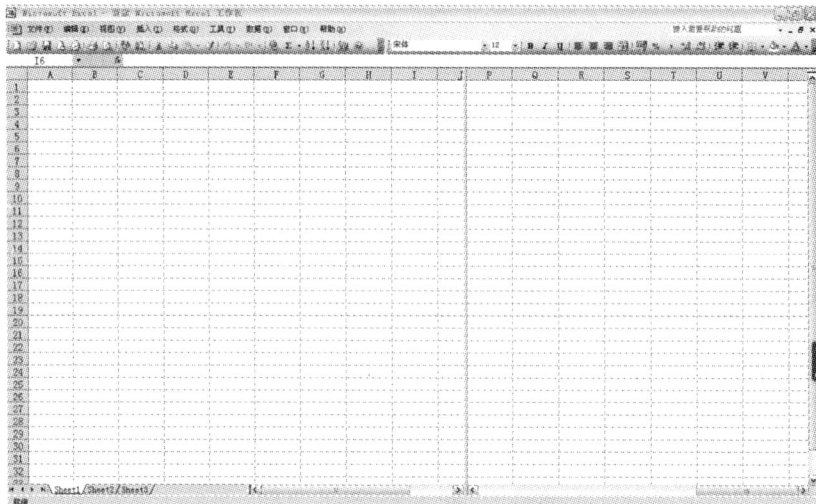

图 4－16　Excel 2003 窗口垂直拆分

滚动条和滚动条按钮默认处于显示状态，在窗口中的相对位置固定不变，但可以通过以下方式在显示和隐藏之间进行切换：选择"工具"菜单的"选项"命令，弹出"选项"对话框，选中"视图"选项卡，在"窗口选项"区域选中或取消"水平滚动条"（或"垂直滚动条"）。

4. 列、行和全选按钮

在 Excel 2003 中，每张工作表包含 256 列、65536 行。各列依次从左往右用字母 A、B、C……IV 表示，其中以 A、B、C……Z 字母形式来表示第 1～26 列，第 26 列以后分别为 AA、AB、AC……AZ、BA、BB……IV 来表示。这些字母统称为列号（又称列标、列标签），显示在工作表的上边。各行依次从上向下用 1～65536 表示，这些数字统称为行号（又称行标、行标签），显示在工作表的左边。

行号和列标默认处于显示状态，在窗口中的相对位置固定不变，但可以通过以下方式在显示和隐藏之间进行切换：选择"工具"菜单的"选项"命令，弹出"选项"对话框，选中"视图"选项卡，在"窗口选项"区域选中或取消"行号列标"（见图 4－17）。

单击列号，即可选中该列号所在的整个列，整列所有单元格（即活动单元格）均被默认加上黑色边框，列号改为黑底白字显示，该列除当前屏幕位于第一行处于编辑状态的单元格（即当前活动单元格）以白底显示外，其他各单元格以及所有行号均被自动填充的蓝色背景进行突出显示，名称框默认显示当前活动单元格所对应的列号和行号；单击行号，即可选中该行号所在的整个行，整行所有单元格（即活动单元格）均被默认加上黑色边框，行号改为黑底白字显示，该行除当前屏幕位于第一列处于编辑状态的单元格以白底显示外，其他各项单元格以及所有列号均被自动填充的蓝色背景进行突出显示，名称框默认显示当前活动单元格所对应的列号和行号。

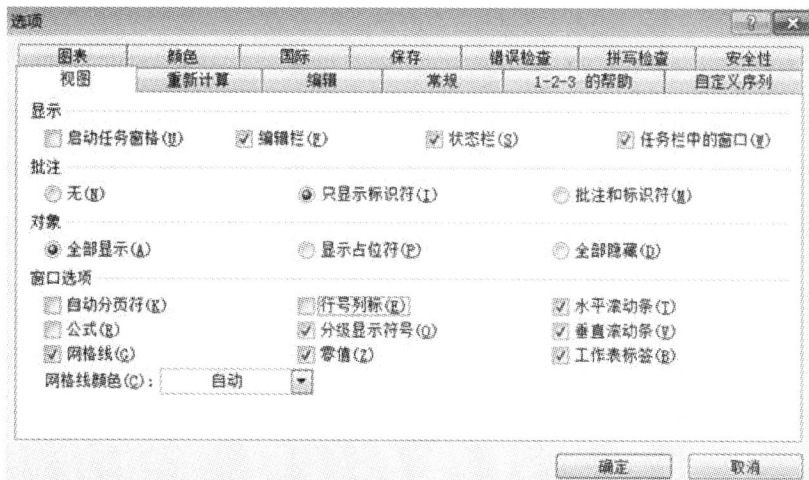

图 4 - 17　Excel 2003 "选项" 对话框选中或取消 "行号列标"

"全选按钮" 是位于名称框下方由列号和行号交叉形成的灰色小方块。单击该按钮，无论光标当前位于何处，即可选中当前工作表的全部单元格。"全选按钮" 的功能类似于快捷键 "Ctrl + A"，但敲击 "Ctrl + A" 后，当前活动单元格仍为敲击前的单元格。

5. 单元格

单元格是工作表中行与列的交叉部分，它是组成表格的最小单位，每个单元格都有其固定的地址和名称，单元格默认按其对应列号和行号所确定的位置进行命名，如选中 C 列和第 3 行交叉位置上的单元格时，名称框中显示该单元格的名称为 C3。单元格的名称还可以通过名称框或 "插入" 菜单 "名称" 命令选项中的 "定义" 子命令进行定义。

单元格区域，是指单个的单元格，或者是由多个单元格组成的区域，或者是整行、整列等。

当前单元格是指当前正在使用（如被选中、编辑或修改）的某一单元格，默认以白色显示，但其四边默认被加上一个黑色的方框，所在位置的列号和行号均被自动填充的蓝灰色背景进行突出显示，其名称显示在名称框中，其内容同时显示在该单元格里和编辑栏中。Excel 启动后，默认的当前单元格为 Sheet1 工作表中的 A1 单元格。打开现有工作簿，默认的当前单元格为该工作簿最近一次存储时光标所在的单元格。

活动单元格是指当前被选定的多个单元格，其外边同样默认被加上一个黑色的方框，列号和行号均被自动填充的蓝灰色背景进行突出显示。当前活动单元格是指在被同时选定的多个单元格所组成的单元格区域中，当前正在使用的某一单元格。

在由多个连续的单元格组成的单元格区域中，所有单元格均为活动单元格，该区域左上方第一个以白色显示的单元格为当前活动单元格；在由多个不连续的单元格组成的单元格区域中，所有单元格均为活动单元格，但最后一个被选中的以白色显示的单元格为当前活动单元格。在所有活动单元格中，只有当前活动单元格的名称显示在名称框中，其内容同时显示在该单元格里和编辑栏中。活动单元格不一定是当前单元格，而当前单元格和当前活动单元格一定属于活动单元格。单个数据的输入和修改都在当前单元格或者对应的编辑栏中进行。活动单元格、当前单元格和当前活动单元格以外的单元格，均称为未被激活的非活动单元格。非活动单元格的外边框默认为淡淡的灰实线，其对应的列号和行号均无突出显示。

考点6 状态栏

状态栏默认位于窗口底部，可以显示各种状态信息，如单元格模式、功能键的开关状态等。

在 Excel 2003 中，状态栏的左端为消息区，提醒用户 Excel 软件正在做什么；状态栏的右端为自动计算显示框和键盘状态显示区，自动计算显示框可以自动快速显示对选定区域的汇总计算结果，自动计算显示框的右边是键盘状态显示区，显示"大写"、"数字"、"改写"等键盘状态。

在 Excel 2013 中，状态栏不仅在左端增设了录制宏按钮和在右端增设了视图切换按钮、显示比例和缩放滑块等快捷操作命令，而且提供了更多的状态栏自定义选项。自定义状态栏的方法是，右击状态栏任意位置，然后在弹出的快捷菜单中勾选相应功能；如果取消勾选，状态栏中将不显示相关信息。

在打开的 Excel 文件中，所有单元格默认处于就绪状态，但双击处于就绪状态的空白单元格和非空白单元格后，二者的状态将被分别调整为输入状态和编辑状态；在当前单元格通过移动鼠标点击相应单元格来输入所引用单元格的地址名称后，当前单元格将自动从其他状态调整为数据点状态。、

另外，通过功能键"F2"键也可切换当前单元格的状态。

在 Excel 中，由于当前单元格所处的状态不同，同一命令（或按钮、键盘键）有时会有不同的功能，常见的情形主要如下：

（1）新建一个工作簿文件的快捷键"Ctrl + N"、打开一个工作簿文件的快捷键"Ctrl + O"等只有在就绪状态下才能被激活，在编辑状态、输入状态或数据点状态下无效，但当前单元格的状态不影响 Excel 软件的退出。

（2）就绪状态下，可以通过单击自动求和按钮或弹开其下拉菜单在当前单元格插入相关函数；点击"Delete"键或"Backspace"键能够一次性删除当前单元格里的所有数据，名称框中显示的单元格名称在数据全部删除前后保持不变，即该单元格仍为当前单元格；敲击光标键将会改变当前单元格的位置，如敲击向上（下、左、右）的光标键后，光标离开原被选定的单元格，其上（下、左、右）边的单元格成为当前单元格。

（3）处于就绪状态的当前单元格中一旦开始录入内容，只要尚未确认，当前单元格都将被自动调整为输入状态，光标闪烁停留在刚刚输入的最后一个字符的末尾处，等待输入新的内容或用"Backspace"键逐一删除当前单元格里位于光标前面的字符。此时如果敲击光标键，相关内容立即被确认输入到先前的单元格中，各单元格均处于就绪状态，当

前单元格的位置随之发生变化，已输入内容的单元格不再是当前单元格。

（4）编辑状态下，自动求和按钮同样无效，但敲击"Delete"键可以逐一删除光标后面的字符，敲击"Backspace"键可以逐一删除当前单元格里位于光标前面的字符；向上或向下的光标键无效，但敲击向左或向右的光标键后，光标向左或向右移动一个字符。

状态栏默认处于显示状态，在窗口中的相对位置固定不变，但可以通过以下两种方式在显示和隐藏之间进行切换：①选中或取消"视图"菜单（选项卡）的"状态栏"选项；②在"显示"区域选中或取消"状态栏"选项。

考点 7　任务窗格

任务窗格默认位于 Excel 窗口的右边，但可移动到窗口的其他适当位置，用于集中放置最常用的功能和快捷方式，具体包括"开始工作"、"帮助"、"搜索结果"、"剪贴画"、"信息检索"、"剪贴板"、"新建工作簿"、"模板帮助"、"共享工作区"、"文档更新"和"XML 源"11 个任务窗格。

任务窗格打开或关闭的常用方法包括：①敲击打开或关闭任务窗格的快捷键"Ctrl + F1"键。②选择"视图"菜单的"任务窗格"命令打开任务窗格，单击其右上角的"关闭"按钮，即可关闭"任务窗格"。

任务窗格打开后，用户可以根据需要，在任务窗格间进行切换。具体方法是单击任务窗格右上方的向下按钮，弹出"任务窗格"列表，从中选择需要的任务窗格；单击任务窗格左上方第二行的"返回"按钮、"向前"按钮，可以切换到原来执行过的前一个任务或后一个任务窗格。

任务窗格在窗口中移动到适当位置的方法通常是将鼠标指向任务窗格左上方的虚竖线，待鼠标出现四向箭头时，按下鼠标左键进行拖动。

考点 8　功能区

功能区是由一系列在功能上具有较强相关性的组和命令所形成的区域，各功能区（组）的主要功能由相应的选项卡标签予以标识，用户可以根据需要完成的操作，快速找到和调用包含当前所需命令的功能区和组。

Excel 2013 默认的选项卡标签有"开始"、"插入"、"页面布局"、"公式"、"数据"、"审阅"、"视图"、"开发工具"，排列在标题栏的下方。此外，用户还可以通过"自定义功能区"自定义选项卡。单击任一选项卡标签，其下方将出现一个以平铺方式展开的"带形功能区"，它由若干个功能相关的组和命令所组成。

Excel 2013 功能区如图 4 - 18 所示。

图 4 - 18　Excel 2013 功能区

功能区的优势主要在于，它将通常需要使用菜单、工具栏、任务窗格和其他用户界面组件才能显示的任务或入口点集中在一起，便于在同一位置查找和调用功能相关的命令。

1. 选项卡栏

选项卡栏位于标题栏的下方，默认列示"开始"、"插入"、"页面布局"、"公式"、"数据"、"审阅"、"视图"、"开发工具"等选项卡，但用户可以通过"自定义功能区"进行自定义。单击任一选项卡标签，其下方将以平铺的方式展开一个由若干个功能相关的组或命令所组成的"带形功能区"。

折叠或展开（隐藏或取消隐藏）功能区的方法有：

（1）点击位于功能区右下角的折叠/展开箭头（或敲击快捷键"Ctrl + F1"键，即先按住"Ctrl"键不放，敲击"F1"功能键之后再释放"Ctrl"键）。

（2）在功能区标题栏以外的任意位置右击，在弹出的菜单栏中选择"折叠功能区"，折叠后，右击任一选项卡，在弹出的菜单中取消选择"折叠功能区"，即可取消折叠。

（3）双击任一选中的功能区选项卡标签，如当前"开始"选项卡已被选中，直接双击该选项卡标签即可隐藏功能区中的命令；再次双击该功能区选项卡将取消隐藏。

（4）点击标题栏中"功能区显示选项"按钮，选中相应选项，实现自动隐藏功能区，仅显示选项卡、显示选项卡和命令。

2. 组和命令

组是根据功能不同划分而成的位于某个选项卡"带形功能区"内的较小区域，各组均由功能相关的命令组成。如"开始"选项卡默认包括"剪贴板"、"字体"、"对齐方式"、"数字"、"样式"、"单元格"、"编辑"7 个组，对应 Excel 2003 "编辑"和"格式"菜单中的部分命令。这 7 组命令组合在一起所形成的"开始"功能区，主要用于帮助用户对 Excel 2003 表格进行文字编辑和单元格的格式设置。

在功能区的一些组中，如"剪贴板"、"字体"、"对齐方式"等，其右下角有一个小图标，称为对话框启动器。单击该图标，将打开相关的对话框或带有一组命令的任务面板，允许选择更多的选项。

命令是被安排在组内的框、菜单或按钮。各组所包含的命令可以通过"自定义功能区"进行自定义。当鼠标指向组中某个命令时，弹出的悬浮窗口中不仅显示该命令的名称，而且将显示其详细的功能或使用描述，包括该命令的快捷键、该命令执行的操作、典型使用情况等。

3. 快速访问工具栏

快速访问工具栏默认位于功能区上方，与标题栏同处一行，左端紧靠 Excel 软件的图标按钮，用于提供一组独立于当前所显示选项卡的命令。快速访问工具栏默认包含"保存、撤销、打印"等快捷按钮。快速访问工具栏的位置和快捷按钮的种类可以被自定义。

快速访问工具栏只能位于功能区的上方或下方，如果不希望快速访问工具栏在其当前位置显示，可通过"自定义快速访问工具栏"将其移至另一位置。

Excel 2013 将快速访问工具栏移至功能区下方如图 4 - 19 所示。

向快速访问工具栏中添加操作按钮的方法通常包括：

（1）右击功能区中需要加入快速访问工具栏的命令，从弹出的快捷菜单中选定"添加到快速访问工具栏"命令。

（2）单击快速访问工具栏右侧的下拉菜单箭头，弹出"自定义快速访问工具栏"列

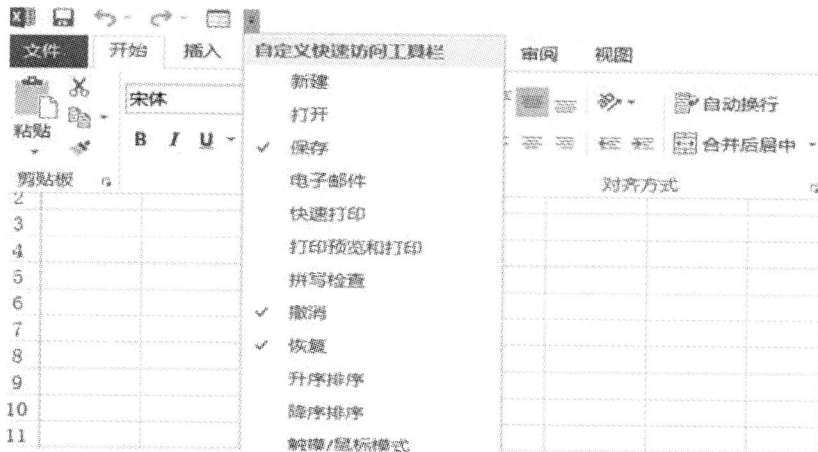

图 4-19　Excel 2013 将快速访问工具栏移至功能区下方

表，单击"其他命令"菜单，弹出"Excel 选项"对话框的"快速访问工具栏"菜单，从"自定义快速访问工具栏"对话框左边的"从下列位置选择命令"栏目中选取相关命令，通过点击"添加"按钮将所选命令添加到对话框右边的"自定义快速访问工具栏"栏目中，点击"自定义快速访问工具栏"栏目最右边的"上移"、"下移"按钮将其移至适当位置，点击"确定"按钮退出。

（3）右键单击功能区标题栏以外的任意位置，在弹出的快捷菜单中选定"自定义快速访问工具栏"，弹出"Excel 选项"对话框的"快速访问工具栏"菜单，后续操作与方法（2）中的相关操作相同。

（4）单击"文件"菜单，选中"选项"菜单，进入"Excel"选项，单击"快速访问工具栏"菜单，后续操作与方法（2）中的相关操作相同。

Excel 2013"Excel 选项"对话框的"快速访问工具栏"菜单如图 4-20 所示。

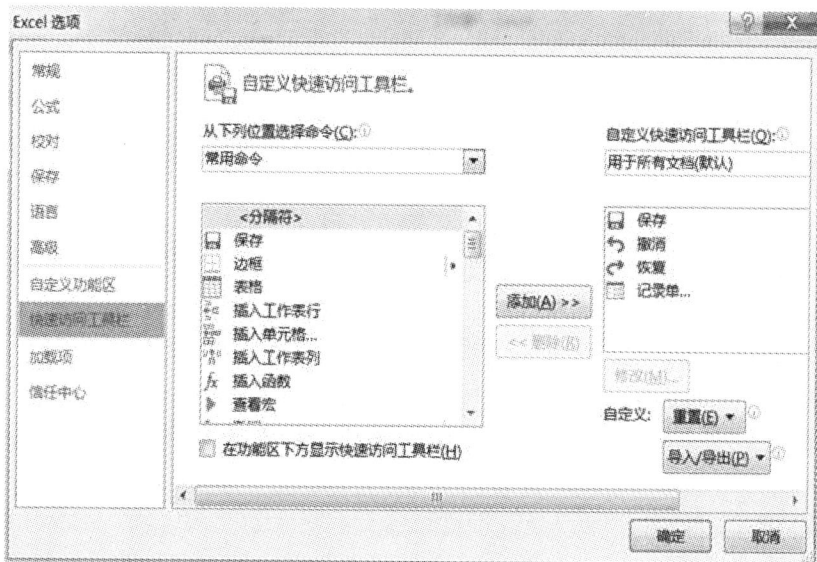

图 4-20　Excel 2013"选项"对话框的"快速访问工具栏"菜单

从快速访问工具栏中删除操作按钮的方法通常包括：

（1）右键单击快速访问工具栏中需要删除的按钮，从弹出的快捷菜单中选中"从快速访问工具栏删除"命令。

（2）单击快速访问工具栏右侧的下拉菜单箭头，弹出"自定义快速访问工具栏"列表，单击"其他命令"菜单，弹出"Excel 选项"对话框中的"快速访问工具栏"菜单，从"自定义快速访问工具栏"对话框右边的"自定义快速访问工具栏"对话框右边的"自定义快速访问工具栏"栏目中选取待删除的相关命令，单击"删除"按钮，单击"确定"按钮退出。

（3）右键单击功能区标题栏以外的任意位置，在弹出的快捷菜单中选定"自定义快速访问工具栏"，弹出"Excel 选项"对话框的"快速访问工具栏"菜单，后续操作与方法（2）中的相关操作相同。

（4）单击"文件"菜单，选中"选项"菜单，进入"Excel 选项"，单击"快速访问工具栏"菜单，后续操作与方法（2）中的相关操作相同。

五、Excel 文件的管理

Excel 文件的管理主要包括新建、保存、关闭、打开、保密、备份、修改与删除等工作。

考点 1　Excel 文件的新建与保存

1. Excel 文件的新建

单击"开始"菜单中列示的 Excel 快捷命令、桌面或任务栏中 Excel 的快捷方式图标或者通过"运行"对话框等方式启动 Excel 软件的，系统将自动建立一个新的空白工作簿，或者提供一系列模板以供选择，选定其中的空白工作簿模板后，新的空白工作簿窗口将在屏幕上呈现出来，并在标题栏中显示默认的文件名。

以打开现成 Excel 文件方式启动 Excel 软件的，可通过以下方法之一建立一个新的空白工作簿：

（1）敲击快捷键"Ctrl + N"键。

（2）打开"文件"菜单，单击"新建"菜单命令，选定其中的空白工作簿模板。

（3）单击工具栏中的"新建"按钮（Excel 2003 为常用工具栏，Excel 2013 为快速访问工具栏）。

2. Excel 文件的保存

为了继续使用新建的 Excel 文件，应当以合适的名称和类型将 Excel 文件保存在适当的位置。Excel 文件在编辑修改完毕或退出 Excel 软件之前，均应进行保存。保存 Excel 文件的常用方法包括：

（1）通过敲击功能键"F12"键进行保存。具体步骤为：①敲击功能键"F12"键，打开"另存为"对话框；②给目标文件命名；③确定目标文件的类型；④确定适当的存储位置。

（2）通过敲击快捷键"Ctrl + S"键进行保存。对于新建的 Excel 文件，由于此前尚未保存过，敲击快捷键"Ctrl + S"键后，"另存为"对话框随之打开，采用与方法（1）中的相关步骤相同的方法操作；对于之前已经保存过的文件，敲击快捷键"Ctrl + S"键后，将直接保存最近一次的修改，不再弹出"另存为"对话框。

（3）通过单击常用工具栏（适用于 Excel 2003）或快速访问工具栏（适用于 Excel 2013）中的"保存"或"另存为"按钮进行保存。

（4）通过"文件"菜单（或 Excel 2003"工具栏"菜单）中的"保存"或"另存为"命令进行保存。

为了避免 Excel 软件意外中止而丢失大量尚未保存的信息，系统通常会默认保存自动恢复信息的时间间隔，这一时间间隔还可以自定义。

考点2　Excel 文件的关闭与打开

1. Excel 文件的关闭

Excel 软件退出前必须关闭打开的文件，因此，也可以采用前述三种 Excel 软件的退出方法来关闭处于打开状态的文件。此外，还可采用以下方法来关闭处于打开状态的 Excel 文件：

（1）单击"工具栏"中的"关闭"按钮或命令。Excel 2003 中，可单击"常用工具栏"中的"关闭"按钮或"工具栏"菜单中的"关闭"命令来关闭当前打开的文件。Excel 2013 中由于没有"工具栏"菜单，但可单击快速访问工具栏中的"关闭"按钮。

（2）单击"文件"菜单中的"关闭"命令。单击"文件"菜单中的"关闭"命令，可关闭当前打开的文件。

（3）敲击快捷键"Ctrl + F4"。敲击"Ctrl + F4"键，可关闭当前打开的文件。

上述三种方法关闭的均是当前文件，其他处于打开状态的 Excel 文件仍处于打开状态，Excel 软件仍在运行，并可通过敲击"Ctrl + N"键等方式创建新工作簿。

2. Excel 文件的打开

打开 Excel 文件的方法主要有：

（1）通过直接点击 Excel 文件打开。

（2）通过快捷菜单中"打开"命令打开。

（3）通过 Excel "文件"菜单中的"打开"命令打开。

（4）通过常用工具栏（适用于 Excel 2003）或快速访问工具栏（适用于 Excel 2013）中的"打开"按钮打开。

（5）通过敲击快捷键"Ctrl + O"（字母 O 的按键）打开。

考点3　Excel 文件的保密与备份

1. Excel 文件的保密

Excel 文件加密的步骤为：

（1）打开"另存为"对话框。

（2）在"另存为"对话框中，单击"工具"下拉菜单中的"常规"选项。

（3）在打开的"保存选项"对话框中，根据需要输入 Excel 文件的打开权限密码或修改权限密码，也可以勾选"建议只读"，单击"确定"。

（4）保存 Excel 文件。

对于设置了打开权限密码的 Excel 文件，只有输入正确的密码才能打开。对于设置了修改权限密码的 Excel 文件，只有输入正确的密码才能修改，否则只能以只读方式打开。

2. Excel 文件的备份

Excel 文件备份的步骤为：

（1）打开"另存为"对话框。

（2）在"另存为"对话框中，单击"工具"下拉菜单中的"常规"选项。

（3）在打开的"保存选项"对话框中，勾选"生成备份文件"选项，点击"确定"。

（4）保存 Excel 文件。

Excel 软件根据原文件自动创建备份文件的名称为原文件名后加上"备份"字样，图标与原文件不同。

考点4　Excel 文件的修改与删除

1. Excel 文件的修改

Excel 文件的修改通常在已打开的 Excel 文件中进行，包括修改单元格内容、增删单元格和行列、调整单元格和行列的顺序、增删工作表和调整工作表顺序等。

2. Excel 文件的删除

Excel 文件的删除方法包括：

（1）选中要删除的 Excel 文件，敲击"Delete"键进行删除。

（2）用鼠标右键单击要删除的 Excel 文件，选择删除命令。

典型例题

【例题1·单选题】下列各项中，不属于 Excel 2003 中用户界面的组成部分的是（　　）。

A. 标题栏　　　　　　B. 菜单栏　　　　　　C. 工具栏　　　　　　D. 功能区

【答案】D

【解析】Excel 2003 默认用户界面由标题栏、菜单栏、工具栏、编辑区、工作表区、状态栏和任务窗格等组成，选项 D，功能区属于 Excel 2007 用户界面的组成要素。

【例题2·单选题】（　　）默认位于菜单栏的下方，由一系列与菜单选项命令具有相同功能的按钮组成。

A. 工具栏　　　　　　B. 标题栏　　　　　　C. 菜单栏　　　　　　D. 编辑区

【答案】A

【解析】工具栏默认位于菜单栏的下方，但可移动到窗口的其他适当位置，它由一系列与菜单选项命令具有相同功能的按钮组成。

【例题3·单选题】由名称框、取消输入按钮、确认输入按钮、插入函数按钮和编辑栏构成的是（　　）。

A. 菜单栏　　　　　　B. 编辑区　　　　　　C. 工作表区　　　　　　D. 任务窗格

【答案】B

【解析】选项 A，菜单栏包含"文件"、"编辑"、"视图"、"插入"、"格式"、"工具"、"数据"、"窗口"和"帮助"9 个默认的菜单项；选项 C，工作表区由工作表、工作表标签、标签滚动按钮、滚动条和滚动条按钮、列和列号、行和行号、全选按钮、单元格等要素组成；选项 D，任务窗格包括"开始工作"、"帮助"、"搜索结果"、"剪贴画"、"信息检索"、"剪贴板"、"新建工作簿"、"模板帮助"、"共享工作区"、"文档更新"和

"XML 源" 11 个任务窗格。

第二节　数据的输入与编辑

考纲重点分布

二、数据的输入与编辑	1. 数据输入	了解
	2. 数据编辑	掌握
	3. 数据保护	了解

考点精解

一、数据的输入

考点 1　数据的手工输入

Excel 中，数据的输入和修改都在当前单元格或者对应的编辑栏中进行。Excel 文件打开后，所有单元格均默认处于就绪状态，等待数据的输入。

1. 在单个单元格中录入数据

在单个单元格中手工录入数据的具体步骤为：

（1）选定目标单元格。

（2）通过键盘从左向右一次录入所需的数字或文本。

（3）采用适当方法确认录入的内容。

2. 在单张工作表的多个单元格中快速录入完全相同的数据

在单张工作表的多个单元格中快速录入完全相同的数据的具体步骤如下：

（1）选定单元格区域。

（2）在当前活动单元格或者对应的编辑栏中通过键盘从左向右依次录入所需的数字或文本。

（3）通过组合键 "Ctrl + Enter" 确认录入的内容。

3. 在单张工作表的多个单元格中快速录入部分相同的数据

快速输入大量因系统性编码而部分重复的数据的具体步骤为：

（1）选中需要录入数据的单元格区域。

（2）敲击 "Ctrl + 1" 键或通过其他方式打开 "设置单元格格式" 对话框。

（3）选择 "分类" 列表中的 "自定义"，在 "类型" 编辑框中输入部分相同的数据。若重复数据在前，则在该数据后加 "#" 或 "@"，若重复数据在后，则在该数据前加 "#" 或 "@"。

【提示】"#" 代表数字型数字，"@" 代表文本型数字。

设置完成后，在相应的单元格输入数据时，只需要输入不重复的数字部分，系统会在输入的数字前自动加上重复部分。

4. 在工作组的一个单元格或多个单元格中快速录入相同的数据

在工作组中录入相同的数据的具体步骤为：

（1）将工作簿中多张工作表组合成工作组。具体方法是：单击某个工作表标签，按住"Shift"键不放，再单击另外一个工作表标签后，这两个工作表标签之间所有相连的工作表均被选中；如果按住"Ctrl"键不放，则可选中多个非连续的工作表。被选中的这些工作表共同组成工作组，工作簿标题栏中的文件名后面随之出现"［工作组］"字样。对于工作表较多的工作簿，通过快捷菜单"选定全部工作表"命令选定全部工作表来构成包含全部工作表的工作组较便捷；如果有部分工作表不需列入工作组，可以在成组状态下按住"Ctrl"键来点选不需要的工作表。

（2）在当前工作表中选定目标单元格，如同按照在单个单元格中录入数据的方法录入相关数据，或者一个单元格区域或者不连续区域，如同按照在单张工作表的多个单元格中录入相同数据的方法录入相关数据。

（3）完成数据录入后，可取消工作组：①单击所在工作簿中其他未被选中的工作表标签（即组外工作表标签），如果该工作组包含工作簿中的所有工作表，则只需单击活动工作表以外的任意一个工作表标签；②指向该工作簿任意一个工作表标签，单击右键，从弹出的快捷菜单中选定"取消成组工作表"。

（4）检查数据录入情况。

考点 2　单元格数据的快速填充

1. 相同数据的填充

某单元格的内容需要复制到其他单元格时，通常可单击该单元格右下角的填充柄，鼠标箭头随之变为黑十字形，按住鼠标左键向上下左右的任意方向拖动，然后松开鼠标左键，该单元格的内容即被填充到相关单元格。

2. 序列的填充

序列是指按照某种规律排列的一列数据，如等差数列、等比数列等。使用填充柄可自动根据已填入的数据填充序列的其他数据。使用填充序列的操作步骤是：

（1）在需要输入序列的第一个单元格中输入序列第一个数或文本内容，紧接第二个单元格输入序列第二个数或文本内容。

（2）选中上述两个单元格，单击第二个单元格右下角的填充柄，按住鼠标左键拖动，在适当的位置释放鼠标，拖过的单元格将会自动进行填充。

以填充等差数列为例，在单元格 B1 中输入"2"，在单元格 C1 中输入"4"，然后利用 Excel 自动填充功能，可以在单元格 D1 ~ G1 中自动生成数字 6、8、10、12。

3. 填充序列类型的指定

利用自动填充功能填充序列后，可以指定序列类型，如填充日期值时可以指定按月填充、按年填充或者按日填充等。

拖动填充柄并释放鼠标时，鼠标箭头附近出现"自动填充选项"按钮，单击该按钮打开下拉菜单以选择填充序列的类型。

在单元格 B1 中输入"2014 - 1 - 1"，在单元格 C1 中输入"2014 - 1 - 2"，然后拖动

填充柄至 E1，并释放鼠标，单击"自动填充选项"按钮，在出现的下拉菜单中选择"以天数填充"，E1 得到"2014 - 1 - 4"。

考点3　导入其他数据库的数据

Excel 可以获取 SQL Server、Access 等数据库的数据，实现与小型数据库管理系统的交互。

二、数据的编辑

考点1　数据的复制和剪切

1. 数据的复制和粘贴

Excel 中，数据复制和粘贴的程序是：

（1）选中含有复制内容的对象。

（2）复制原单元格的内容。

（3）选中需要粘贴的目标位置。

（4）粘贴复制的内容。

此外，还可以使用"选择性粘贴"命令有选择地粘贴剪贴板中的数值、格式、公式、批注等内容。即在打开的快捷键菜单中选择"选择性粘贴"命令，打开"选择性粘贴"对话框，在"粘贴"区域选中需要粘贴选项的单选框（如"数值"单选框），并单击"确定"按钮。

2. 数据的剪切与粘贴

数据的剪切与复制不同。数据复制后，原单元格中的数据仍然存在，目标单元格中同时还增加原单元格中的数据；数据剪切后，原单元格中数据不复存在，只在目标单元格中增加原单元格中的数据。

考点2　数据的查找和替换

1. 查找和替换特定数据

查找和替换特定数据的常用方法如下：

（1）依次单击"编辑"、"查找和选择"、"替换"，打开"查找和替换"对话框，或者敲击快捷键"Ctrl + H"键，弹出"替换"标签。如果敲击快捷键"Ctrl + F"键，弹出"查找"标签。

（2）在"查找内容"编辑栏中输入被查找或者被替换的内容，在"替换为"编辑栏中输入替换的内容。

（3）如果需要查找，单击"查找下一个"或"查找全部"进行查找；如果需要替换，单击"替换"逐个替换或单击"全部替换"一次性全部替换；查找和替换方式可通过"选项"进行设置。

2. 选中包含公式的单元格

依次单击"编辑"、"查找和选择"、"公式"，选中工作簿中所有包含公式的单元格。

3. 替换格式

替换格式的操作步骤为：

（1）敲击"Ctrl + H"键（或依次单击"编辑"、"查找和选择"、"替换"），打开"查找与替换"对话框。

（2）在"查找内容"中输入被查找或者被替换内容，在"替换为"中输入替换内容。

（3）单击"替换为"后的"格式"打开"替换格式"对话框，进行相应格式设置后单击确定回到"查找与替换"对话框，单击"全部替换"即完成对内容和格式的批量替换。

三、数据的保护

考点1　保护工作簿

Excel可以为重要的工作簿设置保护，限制进行相应的操作。

1. 限制编辑权限

Excel 2013中，依次单击"审阅"、"更改"、"保护工作簿"，在弹出的"保护结构和窗口"对话框中，勾选"结构"和"窗口"并输入取消保护的密码，点击"确定"后再次输入密码完成设置。

Excel 2013"保护结构与窗口"对话框如图4-21所示。

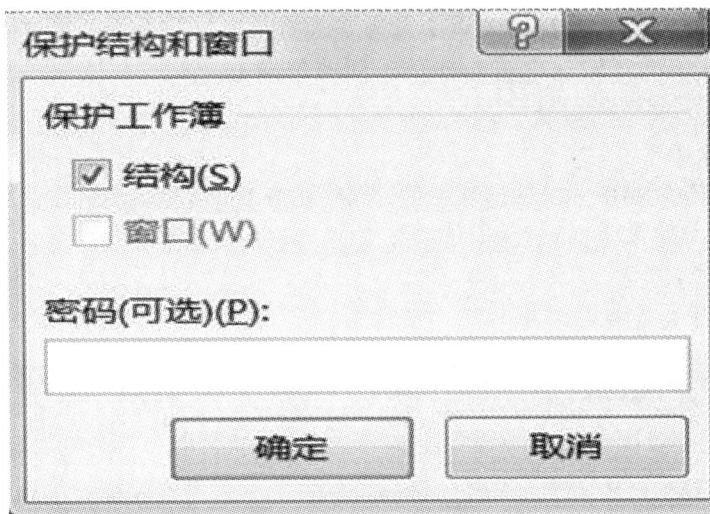

图4-21　Excel 2013"保护结构和窗口"对话框

工作簿被保护后所有的操作都不可进行。如果要撤销保护工作簿，按设置保护工作簿的路径选择"保护工作簿"，输入正确的密码后可撤销保护。

2. 设置工作簿打开权限密码

Excel 2013中，依次单击"文件"、"信息"、"保护工作簿"、"用密码进行加密"，打开"加密文档"对话框，设置"密码"，单击"确定"完成设置。

Excel 2013"加密文档"对话框如图4-22所示。

设置完成后，当再次打开工作簿时需要输入正确的密码才能打开。

考点2　保护工作表

在Excel 2013中，可以对工作表进行编辑权限设定，限制他人对工作表的编辑权限，

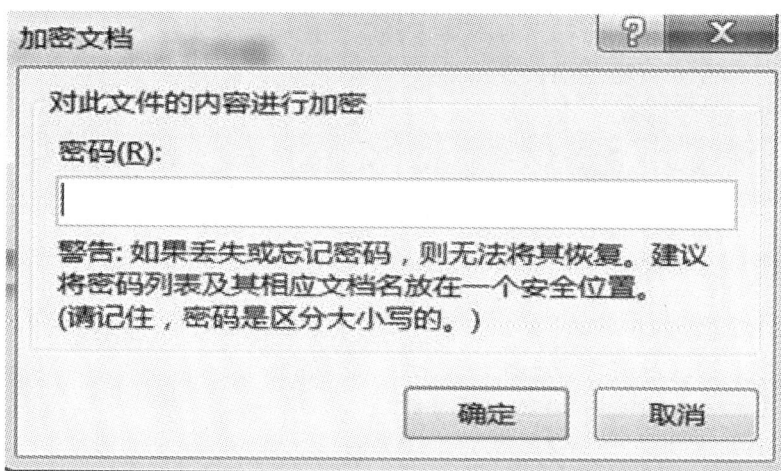

图 4 - 22　Excel 2013 "加密文档" 对话框

如插入行、插入列等。取消权限保护需输入正确的密码。

依次选定 "审阅"、"更改" 和 "保护工作表"，弹出 "保护工作表" 对话框，设置需要限制的编辑权限和取消保护的密码，单击 "确定" 完成设置。

Excel 2013 "保护工作表" 对话框如图 4 - 23 所示。

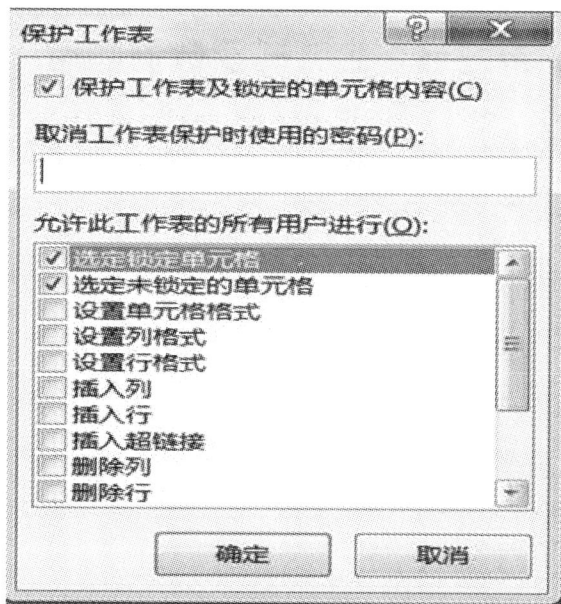

图 4 - 23　Excel 2013 "保护工作表" 对话框

如果要撤销保护工作表，按设置保护工作簿的路径选择 "保护工作表"，正确输入取消工作表保护时使用的密码后可撤销保护。

考点3　锁定单元格

锁定单元格可以使单元格的内容不能被修改，使用"锁定单元格"功能必须启用保护工作表功能。锁定单元格的操作步骤是：

（1）启用保护工作表。

（2）选定需要保护的单元格或单元格区域，依次单击"开始"、"单元格"、"格式"和"锁定单元格"，完成保护单元格设置。

典型例题

【例题1·单选题】在 Excel 中，文字数据默认的对齐方式是（　）。

A. 左对齐　　　　B. 右对齐　　　　C. 居中对齐　　　　D. 两端对齐

【答案】A

【解析】在 Excel 中，在单元格中输入文字默认的对齐方式是左对齐，数字默认的是右对齐。

【例题2·单选题】在 Excel 中输入分数时，最好以混合形式（0　？/？）方式输入，以免与（　）格式相混。

A. 日期　　　　B. 货币　　　　C. 数值　　　　D. 文本

【答案】A

【解析】Excel 表中直接输入"？/？"，默认表示的是日期函数。

第三节　公式与函数的应用

考纲重点分布

三、公式与函数的应用	1. 公式的应用	掌握
	2. 单元格的引用	掌握
	3. 函数的应用	掌握

考点精解

一、公式的应用

考点1　公式的概念及其构成

公式是指由等号"＝"、运算体和运算符在单元格中按特定顺序连接而成的运算表达式。运算体是指能够运算的数据或者数据所在单元格的地址名称、函数等；运算符是使 Excel 自动执行特定运算的符号。如2＋3，其运算体分别是2和3，而运算符则是"＋"，要求执行加法运算。Excel 中，运算符主要有四种类型：算术运算符、比较运算符、文本运算符和引用运算符（见表4－1）。

表4－1　Excel 中运算符的类型及其功能

类型	基本功能	符号	名称	具体作用	示例
算术运算符	完成基本的数字运算、合并数字、生成数值结果等	+	加号	加法	1＋2
		－	减号	减法 负数	2－1 －1
		*	星号	乘法	2＊3
		/	正斜杠	除法	2/3
		%	百分号	百分比（数组中无法进行运算）	10%
		^	脱字号	乘方	2^10
比较运算符	比较两个值时，结果为逻辑值 TRUE 或 FALSE	＝	等号	等于	A1＝B1
		＞	大于号	大于	A1＞B1
		＜	小于号	小于	A1＜B1
		≥	大于等于号	大于等于	A1≥B1
		≤	小于等于号	小于等于	A1≤B1
		＜＞	不等号	不等于	A1＜＞B1
文本运算符	连接两个文本字符串（串联），以生成一段文本	&	与号	将两个文本值连接或串成一个连续的文本值	（"中华人民共和国"＆"财政部"）
引用运算符	对单元格区域引用进行合并计算	:	冒号（区域运算符）	生成对两个引用之间的所有单元格的引用，包括这两个引用	A1：B3
		,	逗号（联合运算符）	将多个引用合并为一个引用	SUM（A1：B3，A5：B7）
		空格	空格（交叉运算符）	生成对两个引用共同的单元格的引用	A5：E5，C3：C7

Excel 中，公式总是以等号"＝"开始，以运算体结束，相邻的两个运算体之间必须使用能够正确表达二者运算关系的运算符进行连接。即公式的完整表达式按以下方式依次构成：等号"＝"、第一个运算体、第一个运算符、第二个运算体，以下类推，直至最后一个运算体。

考点2　公式的创建与修改

1. 公式的创建

Excel 中，创建公式的方式包括手动输入和移动点击输入。

手动输入公式的具体步骤为：

（1）选定目标单元格。

（2）在目标单元格或其对应的编辑栏中输入等号"＝"，输入的内容在单元格和编辑栏中同步显示。

（3）输入第一个运算体、第一个运算符、第二个运算体，以下类推，直至最后一个运算体。如有小圆括号，应注意其位置是否适当以及左括号是否与右括号相匹配。

（4）确认新创建的公式。

在单元格 A1 中输入公式" $=2*3+2^4$ "，确认输入后，单元格内将显示结果 22，编辑栏显示该公式的完整内容（见图 4 – 24）；如果输入" $=2*(3+2)^4$ "，其结果为 1250。

A1	▼	f_x	$=2*3+2^4$		
	A	B	C	D	E
1	22				
2					
3					

图 4 – 24　手动输入公式的方法

当输入的公式中含有其他单元格的数值时，为了避免重复输入费时甚至出错，还可以通过移动鼠标单击输入数值所在单元格的地址（即引用单元格的数值）来创建公式。

已知某公司资产与负债的金额分别列示于单元格 B1 和 B2，为计算所有者权益的金额，可在单元格 B3 中输入公式" $=B1-B2$ "（见图 4 – 25）。

B3		▼	f_x	$=B1-B2$	
	A		B	C	D
1	资产合计		910629		
2	负债合计		591413		
3	所有者权益合计		319216		
4					

图 4 – 25　引用单元格的数值创建公式

2. 公式的编辑和修改

公式编辑和修改的方法有：

（1）双击公式所在的单元格直接在单元格内修改内容。

（2）选中公式所在的单元格，按下"F2"键后直接在单元格内更改内容。

（3）选中公式所在的单元格后单击公式编辑栏，在公式编辑栏中做相应更改。

【提示】

在编辑或者移动点击输入公式时，不能随便移动方向键或者单击公式所在单元格以外的单元格，否则单元格内光标移动之前的位置将自动输入所单击单元格的地址名称。

在编辑公式"＝2*3+2^4"的情况下，如果光标在"3"之前闪烁时去单击单元格C2，单元格内"3"之前将自动输入所单击单元格的地址名称C2（见图4－26）。

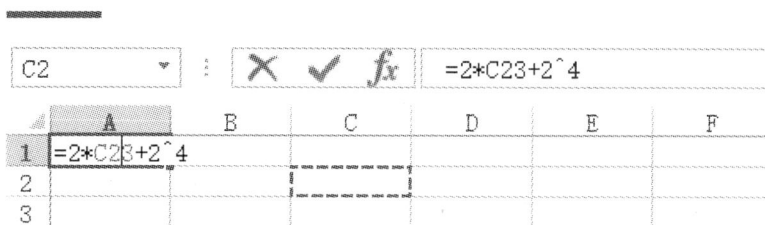

图4－26　编辑或者数据点模式下单击其他单元格

考点3　公式的运算次序

对于只由一个运算符或者多个优先级次相同的运算符（如既有加号又有减号）构成的公式，Excel将按照从左到右的顺序自动进行智能运算；但对于由多个优先级次不同的运算符构成的公式，Excel则将自动按照公式中运算符优先级次从高到低进行智能运算。运算符的优先级次如表4－2所示。

表4－2　运算符优先级次

运算符	优先级次	运算符	优先级次
：（冒号，区域运算符）	1	＋和－（加和减）	8
（空格，交叉运算符）	2	&（与号，连接两个文本字符串）	9
，（逗号，联合运算符）	3	＝（等于）	10
－（负数）	4	＞和＜（大于和小于）	11
%（百分比）	5	＜＝（小于等于）	12
^（乘方）	6	＞＝（大于等于）	13
*和/（乘和除）	7	＜＞（不等于）	14

为了改变运算优先顺序，应将公式中需要最先计算的部分使用一对左右小圆括号括起来，但不能使用中括号。公式中左右小圆括号的对数超过一对时，Excel将自动按照从内向外的顺序进行计算。

如对公式"＝2*3+2^4"进行计算的次序依次是先计算2^4，接着计算2*3的乘积，最后将该乘积与前一步骤的幂相加，计算结果为22；对公式"＝2*（3+2）^4"进行计算的次序依次是先计算（3+2），求其4次幂后再乘以2，计算结果为1250；对公式"＝［2*（3+2）］^4"进行计算的次序依次是先计算（3+2），求其乘以2的积，最后求该积数的4次幂，计算结果为10000。

考点4　公式运算结果的显示

Excel根据公式自动进行智能运算的结果默认显示在该公式所在的单元格里，编辑栏则相应显示公式表达式的完整内容。该单元格处于编辑状态时，单元格也将显示等号

"＝"及其运算体和运算符，与所对应编辑栏显示的内容相一致。

1. 查看公式中某步骤的运算结果

单元格中默认显示的运算结果是根据完整的公式表达式进行运算的结果，可通过下述方法查看公式中某步骤的运算结果：

（1）选中公式所在的单元格，双击或按"F2"键进入编辑状态。

（2）选中公式中需要查看其运算结果的运算体和运算符，按"F9"键后，被选中的内容将转化为运算结果，该运算结果同时处于被选中状态。

要查看公式中"2＊3"的运算结果，选中"2＊3"后按"F9"键，将显示运算结果6。

【提示】

所查看内容必须以一个运算体（或左小圆括号）为起点、另外的运算体（或右小圆括号）为终点，否则按F9键后无法运算，自动弹出报错对话框。

在运算结果处于被选中状态下，如果按"确认"或者移动光标键，公式中参与运算的运算体和运算符将不复存在，而被该结果所替代；如果移动鼠标去点击其他单元格，公式所在单元格将由编辑状态切换成数据点状态，公式所在单元格里同时显示被选中单元格的地址或名称。

（3）按下"Esc"键或者"Ctrl＋Z"组合键（或单击"撤销"按钮），运算结果将恢复为公式表达式的原来内容。

2. 公式默认显示方式的改变

为了检查公式整体或者其中某一组成部分的表述是否正确，可以通过下述方法使单元格默认显示完整的公式表达式，实现公式表达式与运算结果之间的便捷切换。

（1）在单元格显示运行结果时，选中单元格，按下"Ctrl＋"组合键或者单击"显示公式"菜单命令（适用于Excel 2013，见图4－27），可切换为显示公式内容。

图4－27　Excel 2013 显示公式

Excel 2003 中，依次单击"工具"、"公式审核"、"公式审核模式"，切换为显示公示内容（见图4－28）。

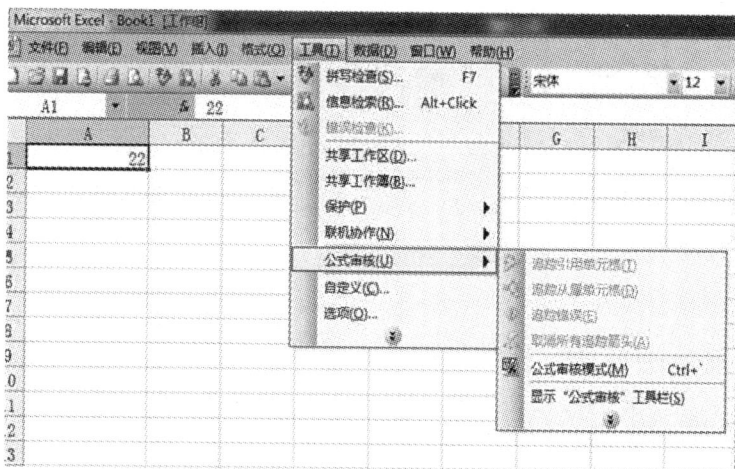

图 4-28　Excel 2003 显示公式

（2）在单元格显示公式内容时，选中单元格，按下"Ctrl +"组合键或者单击"显示公式"（适用于 Excel 2013）菜单命令，或者单击"公式审核模式"（适用于 Excel 2003）菜单命令，可切换为显示运行结果。

3. 将公式运算结果转换为数值

将公式运算结果转换为数值，是采用复制粘贴的方法将公式原地复制后，进行选择性粘贴，但只粘贴数值。

复制的步骤依次是选中单元格，按下"Ctrl + C"组合键或单击"复制"菜单命令。Excel 2003 中，依次单击"编辑"（见图 4-29）、"复制"；Excel 2013 中，依次单击"开始"、"复制"（见图 4-30）。

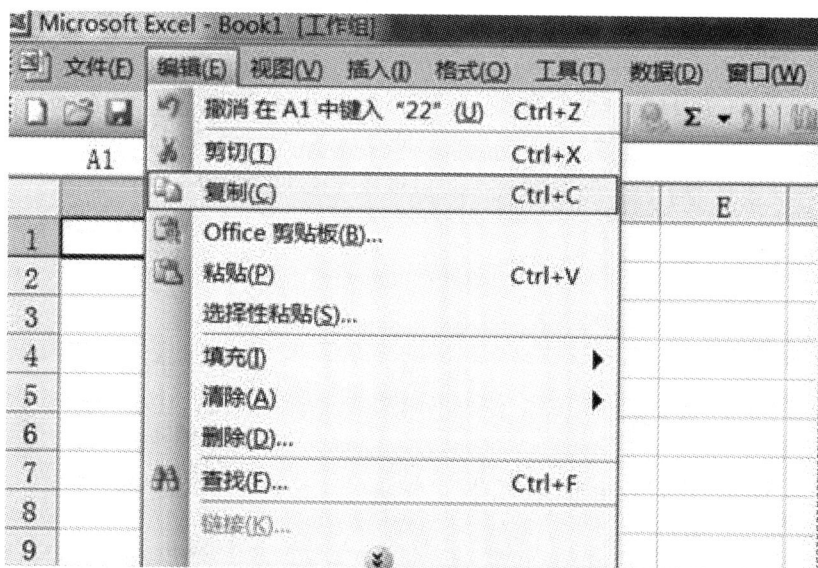

图 4-29　Excel 2003 "复制"菜单命令

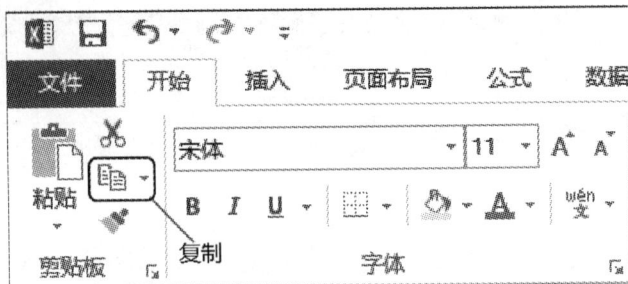

图 4－30　Excel 2013 "复制" 菜单命令

Excel 2003 中，选择性粘贴的步骤依次是单击 "编辑"、"选择性粘贴"，打开 "选择性粘贴" 对话框，选择 "数值" 后，单击 "确定" 或按下 "确认" 键（见图 4－31）。

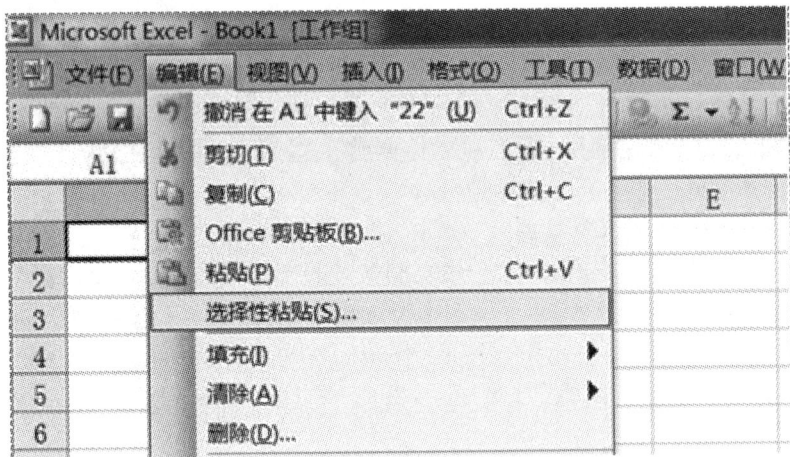

图 4－31　Excel 2003 中的选择性粘贴方法

Excel 2013 中，选择性粘贴的方法有：①单击右键快速打开粘贴选项，选中其中的 "值" 选项图标（或按下 "V" 键）。②按下 "Ctrl + Alt + V" 键或单击 "开始" 菜单下的 "粘贴" 命令的下拉箭头，选择 "选择性粘贴"，打开 "选择性粘贴" 对话框。

二、单元格的引用

单元格引用是指在不同单元格之间建立链接，以引用来自其他单元格的数据。引用的作用在于标识工作表上的单元格或单元格区域，并指明公式中所使用数据的位置。

通过引用，可以在公式中使用工作表不同部分的数据，或者在多个公式中使用同一单元格的数值，常用的单元格引用分为相对引用、绝对引用和混合引用三种。此外还可以引用同一工作簿不同工作表的单元格、不同工作簿的单元格甚至其他应用程序中的数据。

考点 1　引用的类型

1. 相对引用

如果公式使用的是相对引用，公式记忆的是源数据所在单元格与引用源数据的单元格的相对位置，当复制使用了相对引用的公式到别的单元格式，被粘贴公式中的引用将自动更新，数据源将指向与当前公式所在单元格位置相对应的单元格。在相对引用中，所引用的单元格地址的列坐标和行坐标前面没有任何标示符号。Excel 默认使用的单元格引用是相对引用。

在产品销售情况表中，销售金额 = 单价 * 销售数量。在单元格 E5 中，输入 = C5 * D5，Excel 即可自动计算并生成产品 A 的销售金额（见图 4 – 32）。把该公式复制到单元格 E6 中，则公式变为 E6 = C6 * D6，Excel 即自动计算并生成产品 B 的销售金额（见图4 – 33）。

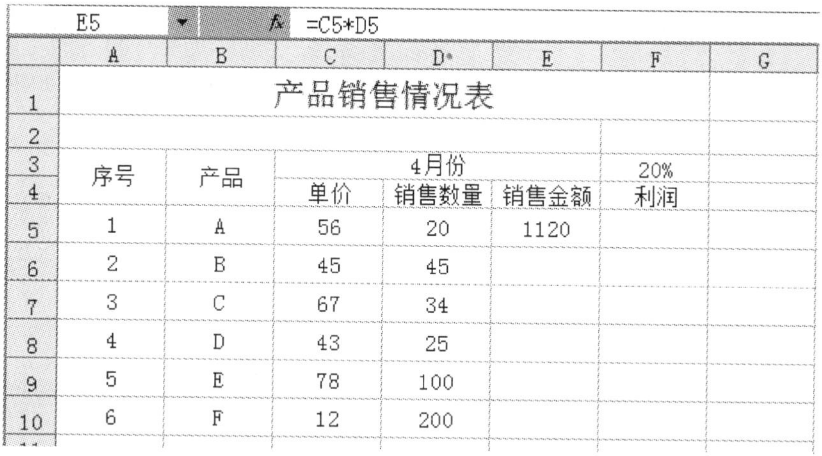

E5　=C5*D5

	A	B	C	D	E	F	G
1	产品销售情况表						
2							
3	序号	产品	4月份			20%	
4			单价	销售数量	销售金额	利润	
5	1	A	56	20	1120		
6	2	B	45	45			
7	3	C	67	34			
8	4	D	43	25			
9	5	E	78	100			
10	6	F	12	200			

图 4 – 32　“销售金额”公式中的相对引用

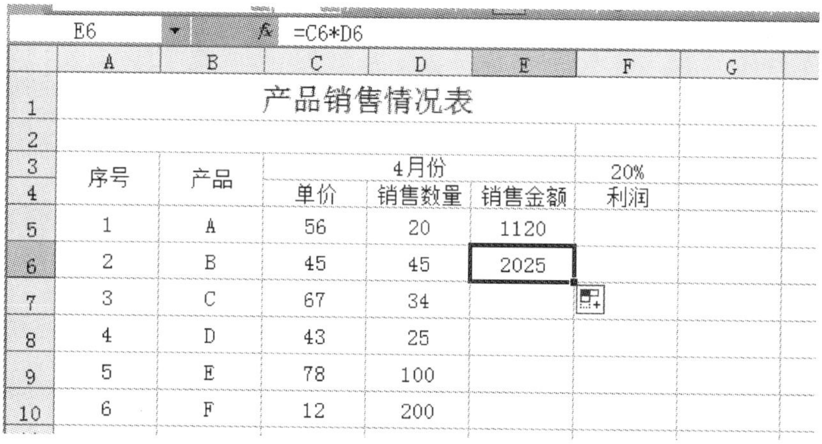

E6　=C6*D6

	A	B	C	D	E	F	G
1	产品销售情况表						
2							
3	序号	产品	4月份			20%	
4			单价	销售数量	销售金额	利润	
5	1	A	56	20	1120		
6	2	B	45	45	2025		
7	3	C	67	34			
8	4	D	43	25			
9	5	E	78	100			
10	6	F	12	200			

图 4 – 33　“销售金额”公式自动计算结果

2. 绝对引用

如果公式使用的是绝对引用，公式记忆的是源数据所在单元格在工作表中的绝对位置，当复制使用了绝对引用的公式到别的单元格，被粘贴公式中的引用不会更新，数据源仍然指向原来的单元格。在绝对引用中，所引用的单元格地址的列坐标和行坐标前面分别加入标示符号“ $ ”。如果要使复制公式时数据源的位置不发生改变，应当使用绝对引用。

3. 混合引用

混合引用是指所用单元格地址的行标与列标中有一个是相对引用，另一个是绝对引用。

在产品销售情况表中，利润＝利润率＊销售金额。其中销售金额为相对引用，而利润率必须绝对引用。在单元格 F5 中，输入 =E5 * $F $2（见图 4 - 34）。把该公式复制到单元格 F6 中，得到 F6 = E6 * $F $2（见图 4 - 35）。

F5		fx =E5*F2				
	A	B	C	D	E	F	G

产品销售情况表

					20%	
			4月份			
序号	产品	单价	销售数量	销售金额	利润	
1	A	56	20	1120	224	
2	B	45	45	2025		
3	C	67	34			
4	D	43	25			
5	E	78	100			
6	F	12	200			

图 4 - 34 "利润"公式中的绝对引用

F6		fx =E6*F2				
	A	B	C	D	E	F	G

产品销售情况表

					20%	
			4月份			
序号	产品	单价	销售数量	销售金额	利润	
1	A	56	20	1120	224	
2	B	45	45	2025	405	
3	C	67	34			
4	D	43	25			
5	E	78	100			
6	F	12	200			

图 4 - 35 "利润"公式自动计算结果

考点 2　输入单元格引用

在公式中可以直接输入单元格的地址引用单元格，也可以使用鼠标或键盘的方向键移点选择单元格。单元格地址输入后，通常使用以下两种方法来改变引用的类型：①在单元格地址的列标和行标前直接输入"＄"符号。②输入完单元格地址后，重复按"F4"键选择合适的引用类型。

考点3　跨工作表单元格引用

跨工作表单元格引用是指引用同一工作簿里其他工作表中的单元格，又称<u>三维引用</u>，需要按照以下格式进行跨表引用：

<u>工作表名！数据源所在单元格地址</u>

某公司4月份的产品销售情况表（见图4－36），现需在编制A产品第二季度的销售情况表时引用该表数据。在A产品第二季度的销售情况表的单元格B3中，输入“＝4月份产品销售情况表！D5”，即可引入A产品在4月份的销售数量（见图4－37）。

	A	B	C	D	E	F
1	产品销售情况表					
2				利润率		20%
3	序号	产品	4月份			
4			单价	销售数量	销售金额	利润
5	1	A	56	20	1120	224
6	2	B	45	45	2025	405
7	3	C	67	34	2278	456
8	4	D	43	25	1075	215
9	5	E	78	100	7800	1560
10	6	F	12	200	2400	480

4月份产品销售情况表 / A产品第二…

就绪

图4－36　产品销售情况表

B3　fx　='4月份产品销售情况表'!D5

	A	B	C	D	E
1	A产品第二季度情况				
2	月份	销售数量	销售金额	利润	
3	4	20			
4	5				
5	6				

图4－37　跨工作表单元格引用

考点4　跨工作簿单元格引用

跨工作簿单元格引用是指引用其他工作簿中的单元格，又称<u>外部引用</u>，需要按照以下格式进行跨工作簿引用：

<u>［工作簿名］工作表名！数据源所在单元格地址</u>。

三、函数的应用

Excel 中，函数是预先编写的公式，可以对一个或多个值执行运算，并返回一个或多个值。函数可以简化和缩短工作表中的公式，尤其在用公式执行很长或复杂的计算时。

函数的基本格式是：函数名（参数序列）。参数序列是用于限定函数运算的各个参数，这些参数除中文外都必须使用英文半角字符。函数只能出现在公式中。

考点 1　常用函数

1. 统计函数

（1）MAX（number1，number2，…），用于返回数值参数中的最大值，忽略参数中的逻辑值和文本。

括号中的参数 number1，number2，…，用来表示计算最大值的一组参数。

统计 A 公司 7 月个人销售额最大值的方法是：在单元格 G2 中输入公式 = MAX（D2：D8）（见图 4 – 38）。

G2　=MAX(D2:D8)

	A	B	C	D	E	F	G	H
1	工号	姓名	性别	销售额		销售额统计		
2	101	张三	男	1100		最大销售额	1100	
3	102	李文	女	950		最小销售额	900	
4	103	王旭	男	1030		销售额合计	6940	
5	104	刘毅	男	900		男员工销售额	4010	
6	105	林涛	男	980		平均销售额	991.4286	
7	106	张坤	女	1080		男员工平均销售额	1002.5	
8	107	林晓筠	女	900		员工人数	7	
9						男员工人数	4	
10								
11								

图 4 – 38　最大值函数计算过程示意图

（2）MIN（number1，number2，…），用于返回数值参数中的最小值，忽略参数中的逻辑值和文本。

求销售额最小值，在单元格 G3 中输入公式 = MIN（D2：D8）（见图 4 – 39）。

G3　=MIN(D2:D8)

	A	B	C	D	E	F	G	H
1	工号	姓名	性别	销售额		销售额统计		
2	101	张三	男	1100		最大销售额	1100	
3	102	李文	女	950		最小销售额	900	
4	103	王旭	男	1030		销售额合计	6940	
5	104	刘毅	男	900		男员工销售额	4010	
6	105	林涛	男	980		平均销售额	991.4286	
7	106	张坤	女	1080		男员工平均销售额	1002.5	
8	107	林晓筠	女	900		员工人数	7	
9						男员工人数	4	
10								
11								

图 4 – 39　最小值函数计算过程示意图

（3）SUM（number1，number2，…），用于计算单元格区域中所有数值的和。

求 A 公司总的销售额，在单元格 G4 中输入公式 = SUM（D2：D8）（见图 4 - 40）。

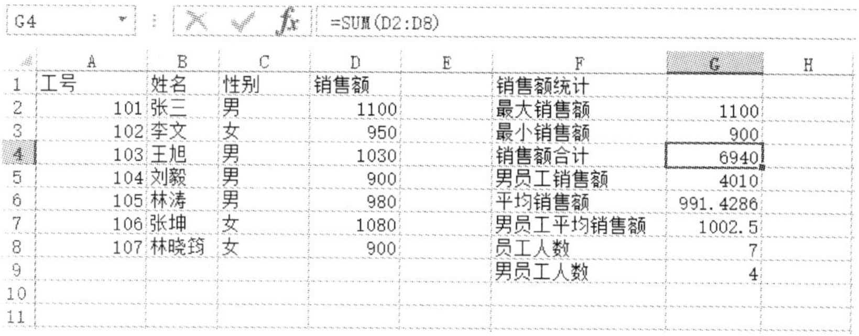

G4　=SUM(D2:D8)

	A	B	C	D	E	F	G	H
1	工号	姓名	性别	销售额		销售额统计		
2	101	张三	男	1100		最大销售额	1100	
3	102	李文	女	950		最小销售额	900	
4	103	王旭	男	1030		销售额合计	6940	
5	104	刘毅	男	900		男员工销售额	4010	
6	105	林涛	男	980		平均销售额	991.4286	
7	106	张坤	女	1080		男员工平均销售额	1002.5	
8	107	林晓筠	女	900		员工人数	7	
9						男员工人数	4	
10								
11								

图 4 - 40　SUM 函数计算过程示意图

（4）SUMIF（range，criteria，sum_ range），用于对满足条件的单元格求和。

括号中的参数 range 为用于条件判断的单元格区域，criteria 是由数字、逻辑表达式等组成的判定条件，sum_ range 为需要求和的单元格、区域或引用。

统计男员工的销售额，在单元格 G5 中输入公式 = SUMIF（C2：C8，“男”，D2：D8）（见图 4 - 41）。

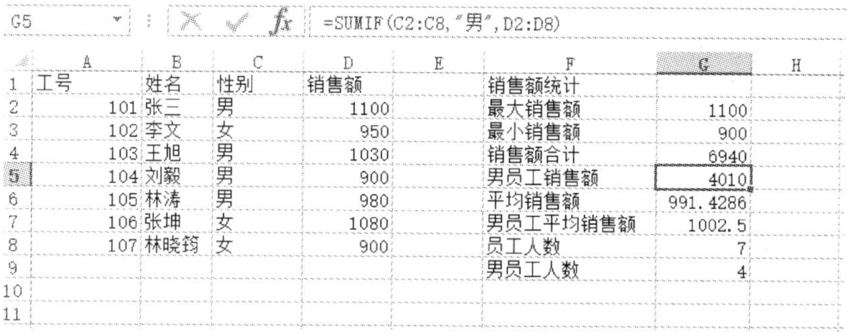

G5　=SUMIF(C2:C8,"男",D2:D8)

	A	B	C	D	E	F	G	H
1	工号	姓名	性别	销售额		销售额统计		
2	101	张三	男	1100		最大销售额	1100	
3	102	李文	女	950		最小销售额	900	
4	103	王旭	男	1030		销售额合计	6940	
5	104	刘毅	男	900		男员工销售额	4010	
6	105	林涛	男	980		平均销售额	991.4286	
7	106	张坤	女	1080		男员工平均销售额	1002.5	
8	107	林晓筠	女	900		员工人数	7	
9						男员工人数	4	
10								
11								

图 4 - 41　SUMIF 函数计算过程示意图

如果要求销售额大于 1000 的销售额总计，则公式 = SUMIF（D2：D8，“ >1000”，D2：D8）。

（5）AVERAGE（number1，number2，…），用于返回参数的算术平均值。

统计平均销售额，在单元格 G6 中输入公式 = AVERAGE（D2：D8）（见图 4 - 42）。

（6）AVERAGEIF（range，criteria，average_ range），用于返回某个区域内满足给定条件的所有单元格的算术平均值。

与 SUMIF 函数相似，统计男员工平均销售额，在单元格 G7 中输入的公式为 = AVERAGEIF（C2：C8，“男”，D2：D8）（见图 4 - 43）。

G6 =AVERAGE(D2:D8)

	A	B	C	D	E	F	G	H
1	工号	姓名	性别	销售额		销售额统计		
2	101	张三	男	1100		最大销售额	1100	
3	102	李文	女	950		最小销售额	900	
4	103	王旭	男	1030		销售额合计	6940	
5	104	刘毅	男	900		男员工销售额	4010	
6	105	林涛	男	980		平均销售额	991.4286	
7	106	张坤	女	1080		男员工平均销售额	1002.5	
8	107	林晓筠	女	900		员工人数	7	
9						男员工人数	4	
10								
11								
12								

图 4－42　AVERAGE 函数计算过程示意图

G7 =AVERAGEIF(C2:C8,"男",D2:D8)

	A	B	C	D	E	F	G	H
1	工号	姓名	性别	销售额		销售额统计		
2	101	张三	男	1100		最大销售额	1100	
3	102	李文	女	950		最小销售额	900	
4	103	王旭	男	1030		销售额合计	6940	
5	104	刘毅	男	900		男员工销售额	4010	
6	105	林涛	男	980		平均销售额	991.4286	
7	106	张坤	女	1080		男员工平均销售额	1002.5	
8	107	林晓筠	女	900		员工人数	7	
9						男员工人数	4	
10								
11								
12								

图 4－43　AVERAGEIF 函数计算过程示意图

（7）COUNT（value1，value2，…），用于计算包含数字的单元格以及参数列表中数字的个数。

统计员工人数，在单元格 G8 中输入公式＝COUNT（A2：A8）（见图 4－44）。

G8 =COUNT(A2:A8)

	A	B	C	D	E	F	G	H
1	工号	姓名	性别	销售额		销售额统计		
2	101	张三	男	1100		最大销售额	1100	
3	102	李文	女	950		最小销售额	900	
4	103	王旭	男	1030		销售额合计	6940	
5	104	刘毅	男	900		男员工销售额	4010	
6	105	林涛	男	980		平均销售额	991.4286	
7	106	张坤	女	1080		男员工平均销售额	1002.5	
8	107	林晓筠	女	900		员工人数	7	
9						男员工人数	4	
10								
11								

图 4－44　COUNT 函数计算过程示意图

（8）COUNTIF（range，criteria），用于对区域中满足单个指定条件的单元格进行计数。

统计男员工人数，在单元格 G9 中输入公式＝COUNTIF（C2：C8，“男”）（见图 4－45）。

图 4 - 45　COUNTIF 函数计算过程示意图

2. 文本函数

（1）LEN（text），用于返回文本字符串中的字符数。

括号中的参数 text 表示待要查找其长度的文本。

在单元格 B1 中输入 = LEN（A1）即可返回 A1 单元格中文本字符串的个数（见图4 -
46）。

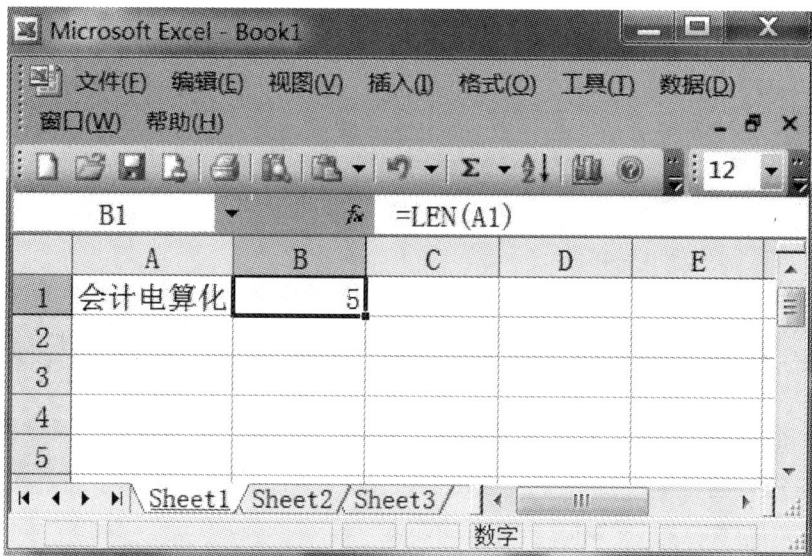

图 4 - 46　LEN 函数计算机过程示意图

（2）RIGHT（text，num_ chars），用于从文本字符串中最后一个字符开始返回指定个
数的字符。

参数 text 是包含要提取字符的文本串；num_ chars 指定希望 RIGHT 提取的字符数，
它必须大于或等于0。如果 num_ chars 大于文本长度，则 RIGHT 返回所有文本。如果忽
略 num_ chars，则假定其为1。

提取 A 公司固定电话后 7 位，在单元格 D2 中输入公式 = RIGHT（B2，7）（见图4 -
47）。

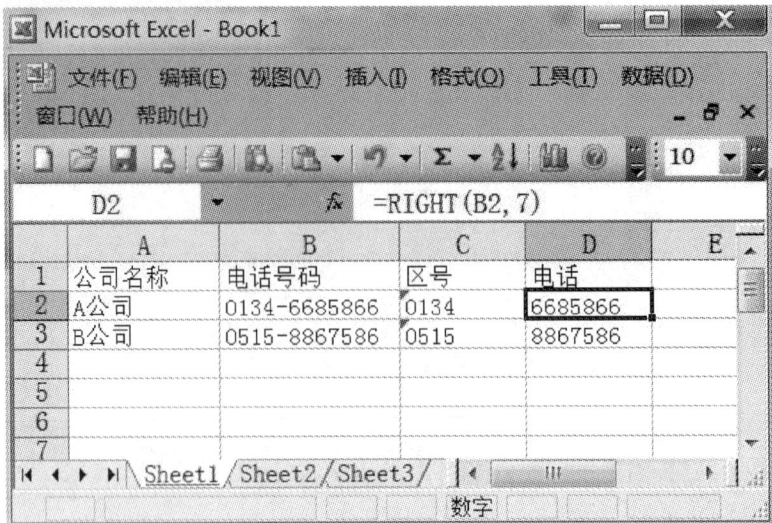

图 4-47 RIGHT 函数计算过程示意图

（3）MID（text，start_ num，num_ chars），用于返回文本字符串中从指定位置开始的指定数目的字符。

参数 text 是包含要提取字符的文本串。start_ num 是文本中要提取的第一个字符的位置，文本中第一个字符的 start_ num 为 1，以此类推；num_ chars 指定希望 MID 从文本中返回字符的个数。

根据员工的身份证号码提生日信息。求员工张三的生日，在单元格 D2 中输入公式 =MID（C2，7，8）（见图 4-48）。

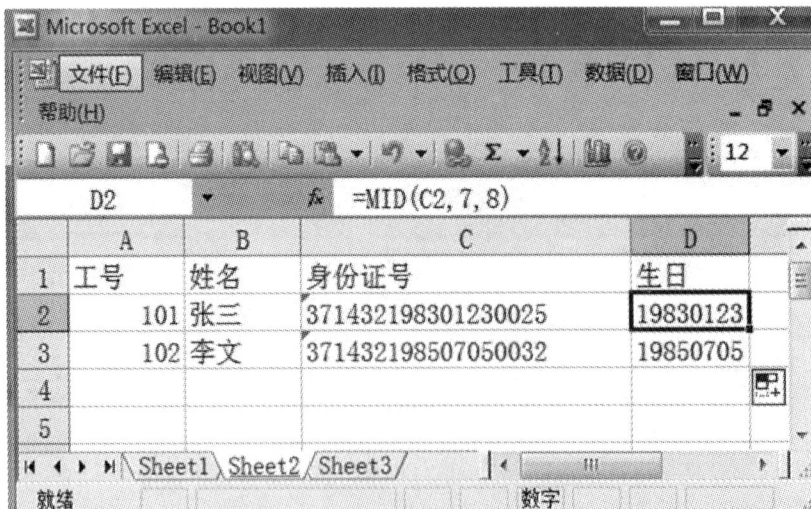

图 4-48 MID 函数计算过程示意图

（4）LEFT（text，num_chars），用于返回文本字符串中第一个字符开始至指定个数的字符。

提取 A 公司区号，在单元格 C2 中输入公式 =LEFT（B2，4）（见图 4-49）。

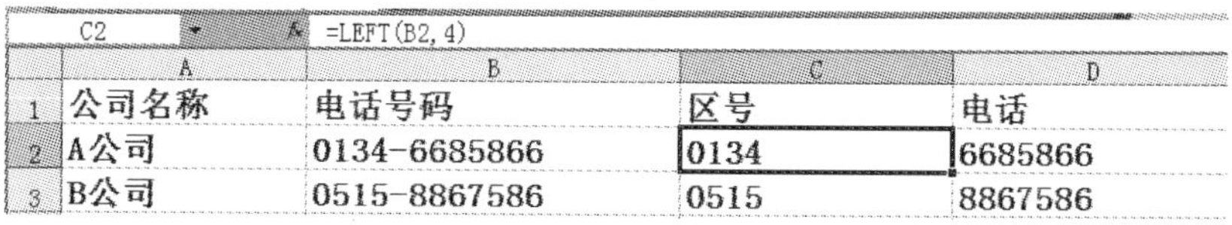

	A	B	C	D
	C2 ▼	ƒx	=LEFT(B2,4)	
1	公司名称	电话号码	区号	电话
2	A公司	0134-6685866	0134	6685866
3	B公司	0515-8867586	0515	8867586

图 4-49　LEFT 函数计算过程示意图

3. 逻辑函数 IF

IF（logical_test，value_if_true，value_if_false）用于判断"logical_test"的内容是否为真，如果为真则返回"value_if_true"，如果为假则返回"value_if_false"的内容。

参数 logical_test 计算结果为 TRUE 或 FALSE 的任何数值或表达式；value_if_true 是 logical_test 为 TRUE 时函数的返回值，如果 logical_test 为 TRUE 并且省略了 value_if_true，则返回 TRUE。value_if_true 可以是一个表达式。value_if_false 是 logical_test 为 FALSE 时函数的返回值。如果 logical_test 为 FALSE 并且省略 value_if_false，则返回 FALSE。Value_if_false 也可以是一个表达式。

计算 A 公司的员工是否完成计划的销售额，在单元格 E2 中输入 = IF（C2 > = D2，"完成"，"未完成"）（见图 4-50）。

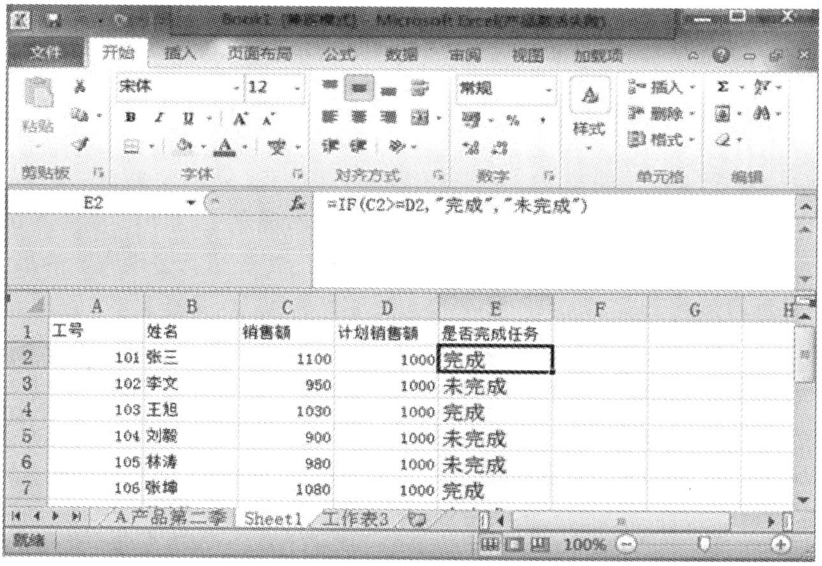

图 4-50　IF 函数计算过程示意图

根据应收账款的欠款时间长短提取坏账准备，A 公司规定如果欠款时间小于 6 个月，坏账准备提取比例为 10%，如果欠款时间大于等于 6 个月小于 12 个月，坏账准备提取比例为 20%，如果欠款时间大于等于 12 个月小于 24 个月，坏账准备提取比例为 40%，如果欠款时间大于等于 24 个月小于 36 个月，坏账准备提取比例为 60%，如果欠款时间大于等于 36 个月，坏账准备提取比例为 80%。在 D2 中输入公式 = IF（C2 > = 36，"80%"，IF（C2 > = 24，"60%"，IF（C2 > = 12，"40%"，IF（C2 > = 6，"20%"，IF（C2 > = 0，"10%"，)))))）（见图 4 - 51）。

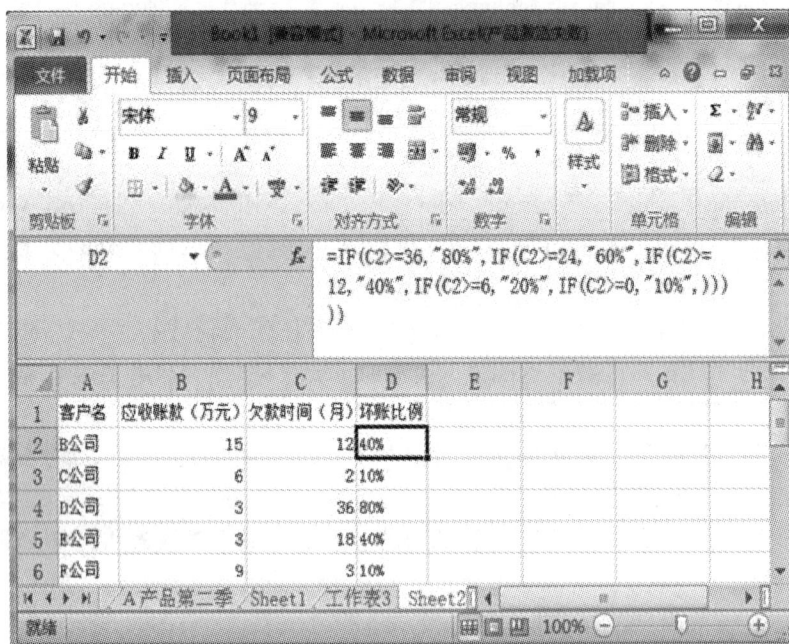

图 4 - 51   IF 函数计算过程示意图

其中第二个 IF 语句同时也是第一个 IF 语句的参数。同样，第三个 IF 语句是第二个 IF 语句的参数，以此类推。如若第一个逻辑判断表达式 C2 > = 36 成立，则 D2 单元格被赋值 "80%"；如果第一个逻辑判断表达式 C2 > = 36 不成立，则计算第二个 IF 语句 "IF（C2 > = 24"；以此类推直至计算结束，该函数广泛用于需要进行逻辑判断的场合。

4. 查找与引用函数

（1）LOOKUP 函数，用于返回向量（单行区域或单列区域）或数组中的数值。它具有两种语法形式：向量形式和数组形式。

1）向量形式。LOOKUP（lookup_ value, lookup_ vector, result_ vector）用于在单行区域或单列区域（称为 "向量"）中查找值，然后返回第二个单行区域或单列区域中相同位置的值。

参数 lookup_ value 为函数 LOOKUP 在第一个向量中所要查找的数值，lookup_ value 可以为数字、文本、逻辑值或包含数值的名称或引用；lookup_ vector 为只包含一行或一列的区域，lookup_ vector 的数值可以为文本、数字或逻辑值。

查找工号为 104 员工的工资，在单元格 C11 中输入的公式为 = LOOKUP（A11，A2：

A8，D2：D8）（见图4－52）。

	A	B	C	D	E	F
	C11		f_x =LOOKUP(A11,A2:A8,D2:D8)			
1	工号	姓名	性别	总工资		
2	101	张明	男	3300		
3	102	李文	女	2850		
4	103	王旭	男	2090		
5	104	刘毅	男	2700		
6	105	林涛	男	2940		
7	106	张坤	女	3240		
8	107	林晓筠	女	2700		
9						
10						
11	104	刘毅	2700			

图4－52　LOOKUP 函数计算过程示意图

2）数组形式。数组是指用于建立可生成多个结果或可对在行和列中排列的一组参数进行运算的单个公式。数组区域共用一个公式；数组常量是用作参数的一组常量。LOOK-UP（lookup_ value，array）用于在数组的第一行或第一列中查找指定的值，并返回数组最后一行或最后一列内同一位置的值。

Lookup_ value 为函数 lookup 在数组中所要查找的数值。Lookup_ value 可以为数字、文本、逻辑值或包含数值的名称或引用。如果函数 lookup 找不到 lookup_ value，则使用数组中小于或等于 lookup_ value 的最大数值。array 为包含文本、数字或逻辑值的单元格区域，它的值用于与 lookup_ value 进行比较。

在 A10 单元格输入公式 = LOOKUP（104，A2：G8），将返回最后一列同一位置的值 2700（见图4－53）。

图4－53　LOOKUP 数组形式的应用

（2）INDEX（array，row_ num，column_ num），用于返回表格或数组中的元素值，此元素由行号和列号的索引值给定。

参数 array 为单元格区域或数组常数；row_ num 为数组中某行的行序号，函数从该行返回数值。如果省略 row_ num，则必须有 column_ num；column_ num 是数组中某列的列序号，函数从该列返回数值。如果省略 column_ num，则必须有 row_ num。

公式 = INDEX（A1：G8，4，4）表示返回 A1：G8 区域中第四行第四列的值，结果为 3090（见图 4 - 54）。如果要根据工号和月份直接查出工资的值，则 INDEX 函数需要与 MATCH 函数（详见 MATCH 函数）配合使用，在单元格 B12 中输入 = INDEX（A1：G8），MATCH（B10，A1：A8，0），MATCH（B11，A1：G1，0）即可求出工号为 103 的员工 2 月的工资（见图 4 - 55）。

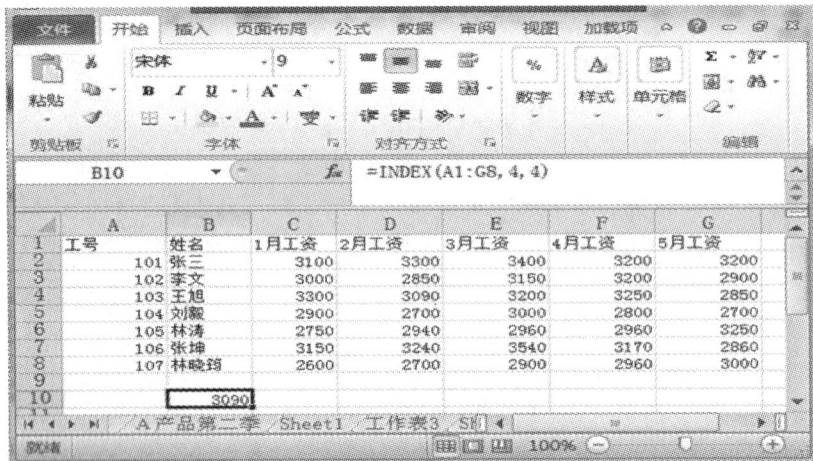

图 4 - 54　INDEX 函数计算过程示意图

图 4 - 55　INDEX 函数与 MATCH 函数配合使用示意图

（3）MATCH（lookup_ value，lookup_ array，match_ type），用于在单元格区域中搜索指定项，然后返回该项在单元格区域中的相对位置。

参数 lookup_ value 为需要在数据表中查找的数值，它可以是数值（或数字、文本或逻辑值）、对数字、文本或逻辑值的单元格引用。Lookup_ array 是可能包含所要查找的数值的连续单元格区域，lookup_ array 可以是数组或数组引用；match_ type 为数字 - 1、0

或 1，它说明 Excel 如何在 lookup_ array 中查找 lookup_ value。如果 match_ type 为 1，函数 MATCH 查找小于或等于 lookup_ value 的最大值。如果 match_ type 为 0，函数 MATCH 查找等于 lookup_ value 的第一个数值。如果 match_ type 为 - 1，函数 MATCH 查找大于或等于 lookup_ value 的最小数值。

查找 3 月工资等于 3000 的位置，输入公式 = MATCH（3000，E2：E8，0），返回区域 E2：E8 中等于 3000 的值的位置 4（见图 4 - 56）。

图 4 - 56　MATCH 函数使用计算过程示意图

5. 日期与时间函数

（1）**YEAR（serial_ number）**，用于返回某日期对应的年份。

Serial_ number 为一个日期值，其中包括要查找年份的日期。

在单元格 B2 中输入公式 = YEAR（A2），即可返回单元格 A2 中日期的哪一年的值。注意 A2 单元格的格式必须是日期的格式（见图 4 - 57）。

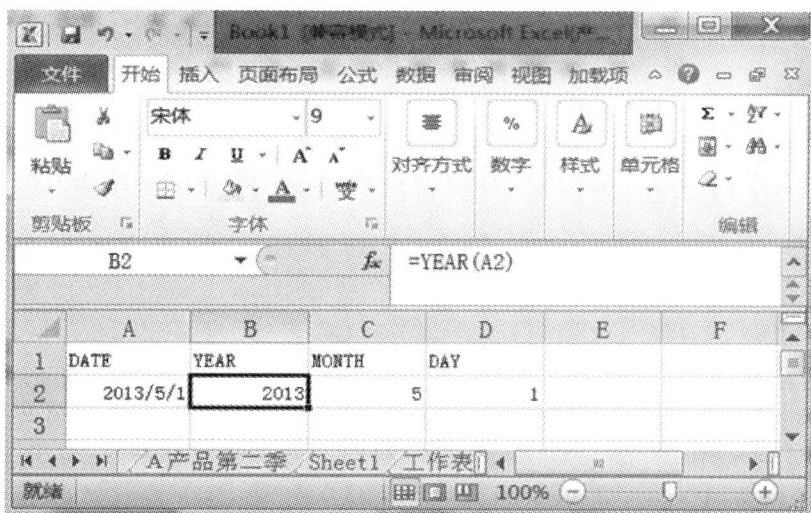

图 4 - 57　日期与时间函数的应用

（2）MONTH（serial_ number），用于返回某日期对应的月份，介于1到12之间。

在C2单元格中输入公式＝MONTH（A2），即可返回单元格A2中日期的哪一月的值。

（3）DAY（serial_ number），用于返回某日期对应的天数，介于1到31之间。

在D2单元格中输入公式＝DAY（A2），即可返回单元格A2中日期的哪一天的值。

（4）NOW（ ），用于返回当前的日期和时间。

考点2 基本财务函数

1. SLN

SLN（cost，salvage，life）用于返回某项资产以直线法计提的每一期的折旧值。

cost是必需参数，指固定资产原值。salvage是必需参数，指固定资产的残值。life是必需参数，指固定资产的折旧期数。

采用直线法对设备1计提折旧，公式为＝SLN（B2，D2，C2）（见图4－58）。

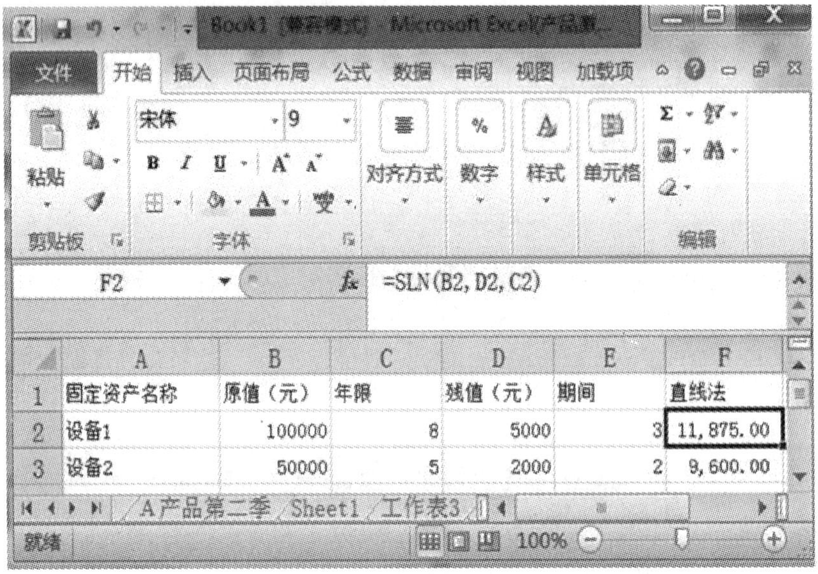

图4－58 直线法计提折旧

2. DDB

DDB（cost，salvage，life，period，factor）用于使用双倍余额递减法或其他指定的方法，计算一项固定资产在给定期间内的折旧值。

cost是必需参数，指固定资产原值。salvage是必需参数，指固定资产的残值。life是必需参数，指固定资产的折旧期数。period是必需参数，指需要计算折旧值的期间。period必须使用与life相同的单位。factor是可选参数，指余额递减速率。如果factor被省略，则默认为2，即使用双倍余额递减法。

采用双倍余额递减法对设备1计提折旧，公式为＝DDB（B2，D2，C2，E2）（见图4－59）。

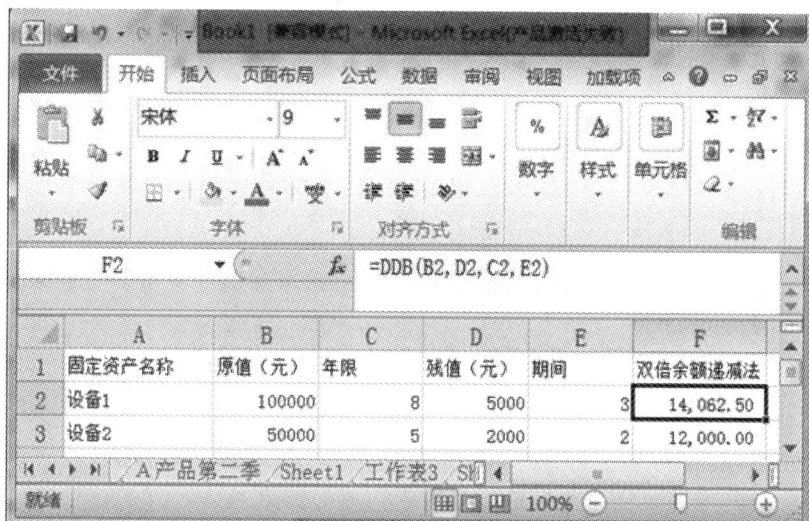

图 4 - 59　双倍余额递减法计提折旧

3. SYD

SYD（cost，salvage，life，per）用于返回某项资产按<u>年数总和折旧法</u>计算的在第"per"期的折旧值。

<u>cost 是必需参数，指固定资产原值。salvage 是必需参数，指固定资产的残值。life 是必需参数，指固定资产的折旧期数。per 是必需参数，指第几期，其单位必须与 life 相同。</u>

采用年数总和法对设备 1 计提折旧，公式为 = SYD（B2，D2，C2，E2）（见图 4 - 60）。

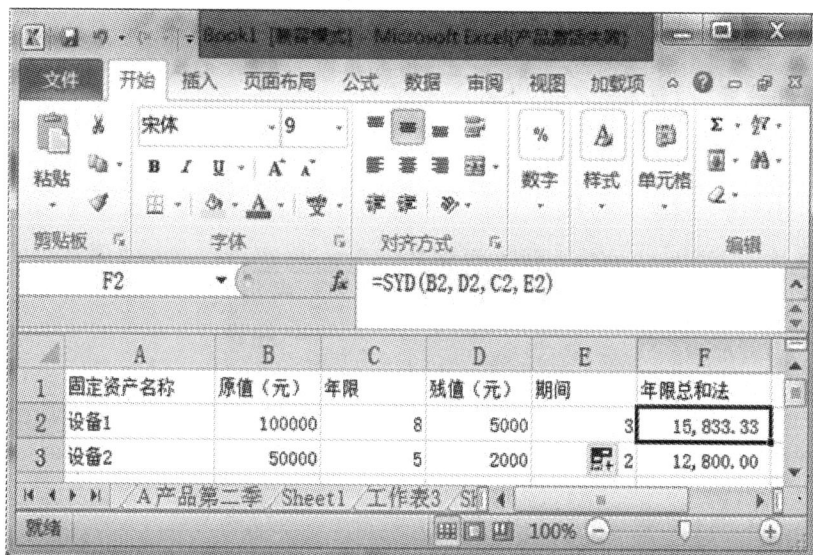

图 4 - 60　年限总和法计提折旧

典型例题

【例题1·多选题】属于基本财务函数的有（　　）。

A. SLN   B. DDB   C. SYD   D. LOOKUP

【答案】ABC

【解析】选项D，LOOKUP属于查找与引用函数。

【例题2·多选题】求工作表中A1到A6单元格中数据的和可用（　　）公式。

A. SUM（A1：A6）   B. SUM（A1，A6）

C. A1＋A2＋A3＋A4＋A5＋A6   D. SUM（A1，A2，A3，A4，A5，A6）

【答案】ACD

【解析】选项B，SUM（A1，A6）表示的是求A1和A6单元格的和。

【例题3·多选题】关于单元格的引用类型，正确的有（　　）。

A. 可以采用相对引用方式

B. 可以采用绝对引用方式

C. 一张工作表中只能采用相对引用或者绝对引用其中一种引用方式

D. 可以采用混合引用方式

【答案】ABD

【解析】单元格的引用类型包括相对引用、绝对引用、混合引用。相对引用和绝对引用可以同时出现在同一张工作表中。

第四节　数据清单及其管理分析

考纲重点分布

四、数据清单及其管理分析	1. 数据清单的构建	掌握
	2. 记录单使用	掌握
	3. 数据的管理与分析	掌握

考点精解

一、数据清单的构建

考点1　数据清单的概念

Excel中，数据库是通过数据清单或列表来实现的。

数据清单是一种包含一行列标题和多行数据且每行同列数据的类型和格式完全相同的Excel工作表。

数据清单中的列对应数据库中的字段，列标志对应数据库中的字段名称，每一行对应数据库中的一条记录。

考点2 构建数据清单的要求

为了使 Excel 自动将数据清单当作数据库，构建数据清单的要求主要有：

（1）列标志应位于数据清单的第一行，用以查找和组织数据、创建报告。

（2）同一列中各行数据项的类型和格式应当完全相同。

（3）避免在数据清单中间放置空白的行或列，但需将数据清单和其他数据隔开时，应在它们之间留出至少一个空白的行或列。

（4）尽量在一张工作表上建立一个数据清单。

二、记录单的使用

考点1 记录单的概念

记录单又称数据记录单，是快速添加、查找、修改或删除数据清单中相关记录的对话框。

"记录单"对话框左半部从上到下依次列示数据清单第一行从左到右依次排列的列标志，以及待输入数据的空白框；右半部从上到下依次是"记录状态"显示区和"新建"、"删除"、"还原"、"上一条"、"下一条"、"条件"、"关闭"等按钮。

考点2 通过记录单处理数据清单的记录

1. 通过记录单处理记录的优点

通过记录单处理记录的优点主要有：界面直观，操作简单，减少数据处理时行列位置的来回切换，避免输入错误，特别适用于大型数据清单中记录的核对、添加、查找、修改或删除。

2. "记录单"对话框的打开

打开"记录单"对话框的方法是：输入数据清单的列标志后，选中数据清单的任意一个单元格，单击"数据"菜单中的"记录单"命令（见图4-61）。

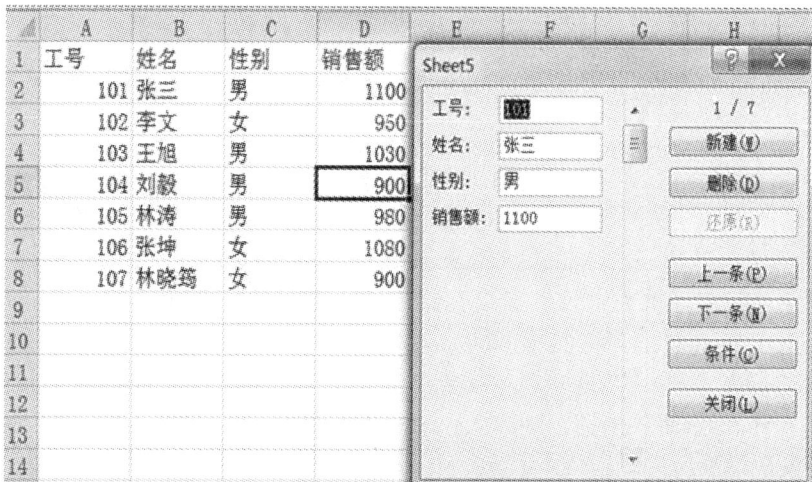

图4-61 "记录单"对话框

Excel 2013 的数据功能区中尽管没有"记录单"命令，但可通过依次敲击快捷键"Alt + D"、"Alt + O"来打开，或者通过单击以定义方式添入"快速访问工具栏"中的"记录单"按钮来打开。

将"记录单"按钮添入"快速访问工具栏"的方法是：单击"文件"选项卡标签后，单击"选项"按钮（或单击"快速访问工具栏"右下角"自定义快速访问工具栏"按钮，单击"其他命令"菜单），打开"Excel 选项"窗口，选定左侧菜单中的"快速访问工具栏"选项，进入"自定义快速访问工具栏"对话框，在左侧上部的"从下列位置选择命令"对话框下拉列表中选定"不在功能区中的命令"选项，从其下面的列表框中移动右边的向下滚动块，选定"记录单"选项，单击"添加"按钮，"记录单"选项被添入右侧的"自定义快速访问工具栏"列表框，单击"确定"按钮（见图 4 - 62）。

图 4 - 62　将"记录单"按钮添入"快速访问工具栏"

"记录单"对话框打开后，只能通过"记录单"对话框来输入、查询、核对、修改或者删除数据清单中的相关数据，但无法直接在工作表的数据清单中进行相应的操作。

3. 在"记录单"对话框中输入新记录

在"记录单"对话框中输入一条新记录的方法是：单击"新建"按钮，光标被自动移入第一个空白文本框，等待数据录入。在第一个空白文本框内输入相关数据后，按"Tab"键（不能按"Enter"键）或鼠标点击第二个空白文本框，将光标移入第二个空白文本框（按"Shift + Tab"快捷键则移入上一个文本框），等待数据录入，以下类推。

输完一条记录的所有空白文本框后，按下"Enter"键或上下光标键确认。该条记录将被加入数据清单的最下面，光标被自动移入下一条记录的第一个空白文本框，等待新数据的录入。

　　在数据录入过程中，如果发现某个文本框中的数据录入有误，可将光标移入该文本框，直接进行修改；如果发现多个文本框中的数据录入有误，不便逐一修改，可通过单击"还原"按钮放弃本次确认前的所有输入，光标将自动移入第一个空白文本框，等待数据录入。

　　所有记录输入完毕，单击"关闭"按钮，退出"记录单"对话框并保存退出前所输入的数据。

　　4. 利用"记录单"对话框查找特定单元格

　　利用"记录单"对话框查找特定单元格的方法是：单击"条件"按钮，该按钮变为"表单"，对话框中所有列后文本框中的数据都被清空，光标自动移入第一个空白文本框，等待键入查询条件（见图4-63）。键入查询条件后，单击"下一条"按钮或"上一条"按钮（或上下光标键）进行查询，符合条件的记录将分别出现在该对话框相应列后的文本框中，"记录状态"显示区相应显示该条记录的次序数以及数据清单中记录的总条数。这种方法尤其适合具有多个查询条件的查询中，只要在对话框多个列名后的文本框内同时输入相应的查询条件即可。

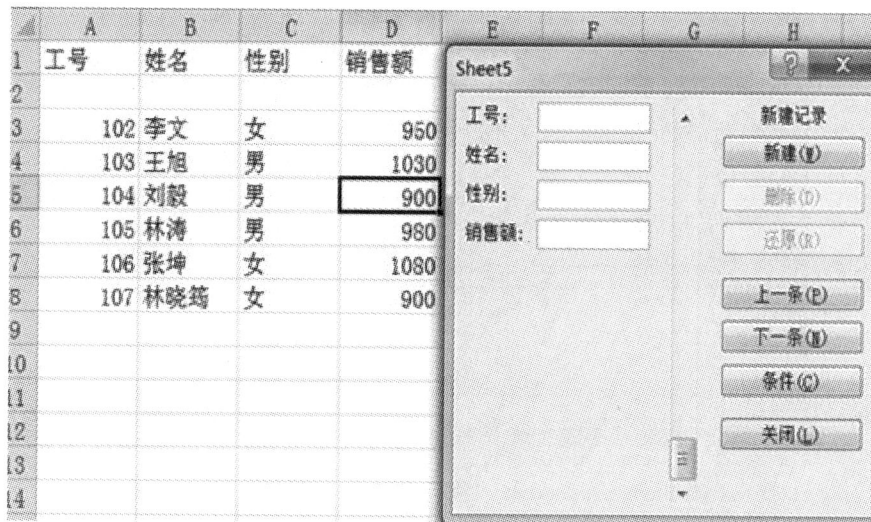

图4-63　利用"记录单"对话框查找特定单元格

　　5. 利用"记录单"对话框核对或修改特定记录

　　利用"记录单"对话框核对或修改特定记录的方法是：查找到待核对或修改的记录后，在对话框相应列后文本框中逐一核对或修改，修改完毕后按"Enter"键或单击"新建"、"上一条"、"下一条"、"条件"、"关闭"等按钮或上下光标键确认。在确认修改前，"还原"按钮处于激活状态，可通过单击"还原"按钮放弃本次确认前的所有修改。

　　6. 利用"记录单"对话框删除特定记录

　　利用"记录单"对话框删除特定记录的方法是：查找到待修改的记录，单击"删除"按钮，弹出"显示的记录将被删除"的提示框，单击"确定"按钮，即可删除找到的记录。记录删除后无法通过单击"还原"按钮来撤销。

三、数据的管理与分析

在数据清单下，可以执行排序、筛选、分类汇总、插入图表和数据透视表等数据管理和分析功能。

考点1 数据的排序

数据的排序是指在数据清单中，针对某些列的数据，通过"数据"菜单或功能区中的排序命令来重新组织行的顺序。

1. 快速排序

使用快速排序的操作步骤为：

（1）在数据清单中选定需要排序的各行记录。

（2）执行工具栏或功能区中的排序命令。Excel 2003 中，单击工具栏中的"升序"或"降序"按钮（见图 4 - 64）；Excel 2013 中，单击"数据"功能区选项卡，单击"排序和筛选"功能组中的"升序"或"降序"命令按钮（见图 4 - 65）。

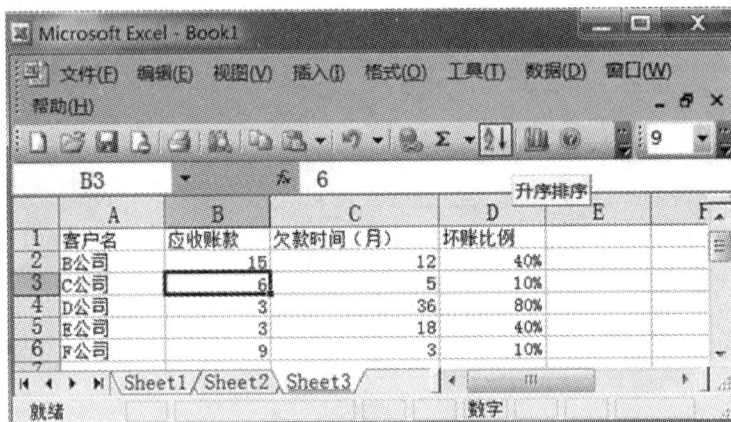

图 4 - 64　Excel 2003 快速排序

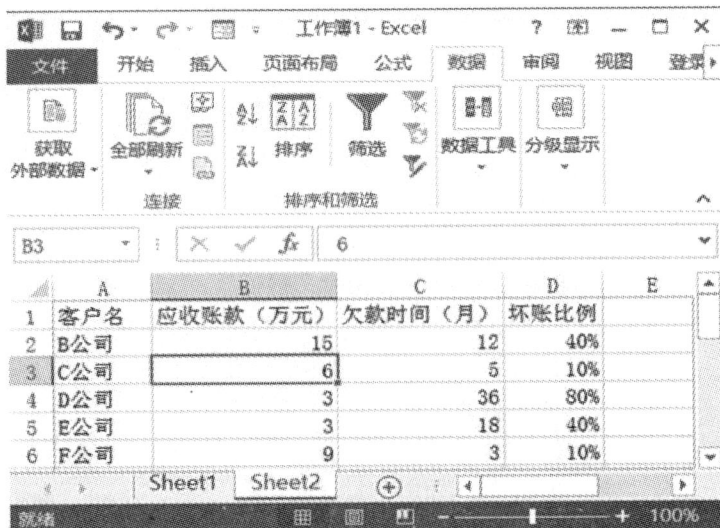

图 4 - 65　Excle 2013 快速排序

【提示】

如果数据清单由单列组成，即使不执行第一步，只要选定该数据清单的任意单元格，直接执行第二步，系统都会自动排序；如果数据清单由多列组成，应避免不执行第一步而直接执行第二步的操作，否则数据清单中光标所在列的各行数据被自动排序，但每一记录在其他各列的数据并未随之相应调整，记录将会出现错行的错误。

2. 自定义排序

使用自定义排序的操作步骤为：

（1）在"数据"菜单或功能区中打开"排序"对话框。Excel 2003 中，单击"数据"菜单，选定"排序"命令，打开"排序"对话框（见图 4 - 66、图 4 - 67）；Excel 2013 中依次单击"数据"功能选项卡和"排序和筛选"功能组中的"排序"命令按钮，打开"排序"对话框（见图 4 - 68）。

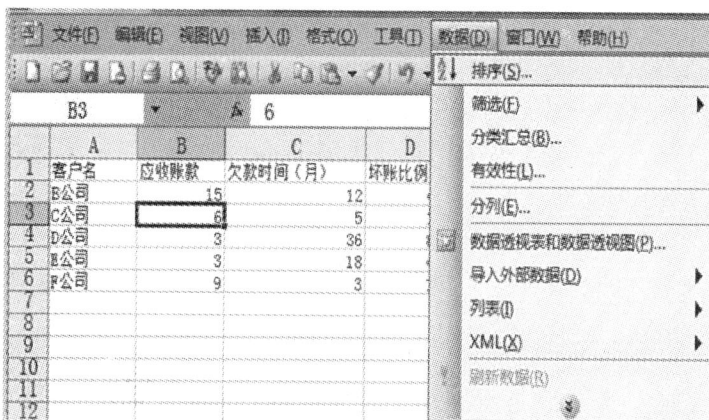

图 4 - 66　Excel 2003 排序功能

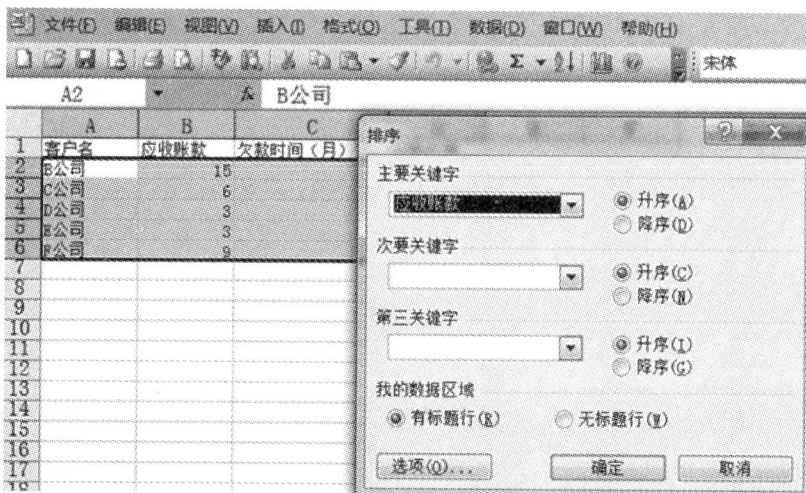

图 4 - 67　Excel 2003 中打开"排序"对话框

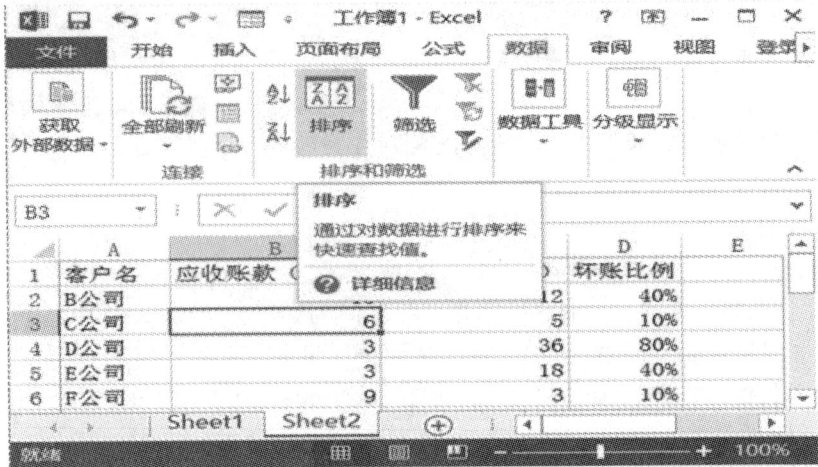

图4-68 Excel 2013中自定义排序

（2）在"排序"对话框中选定排序的条件、依据和次序。在Excel 2003中的"排序"对话框中，<u>可分别从"主要关键字"、"次要关键字"、"第三关键字"下拉对话框列出的"关键字"中选定排序的条件</u>；从"升序"或"降序"选项按钮中选定排序的次序。Excel 2013"排序"对话框中，不仅可以通过单击"添加条件"按钮来添加多个"次要关键字"作为排序的条件，而且可以在"排序依据"下拉对话框中选择"数值"、"单元格颜色"、"字体颜色"或"单元格图标"作为排序的依据（见图4-69）。

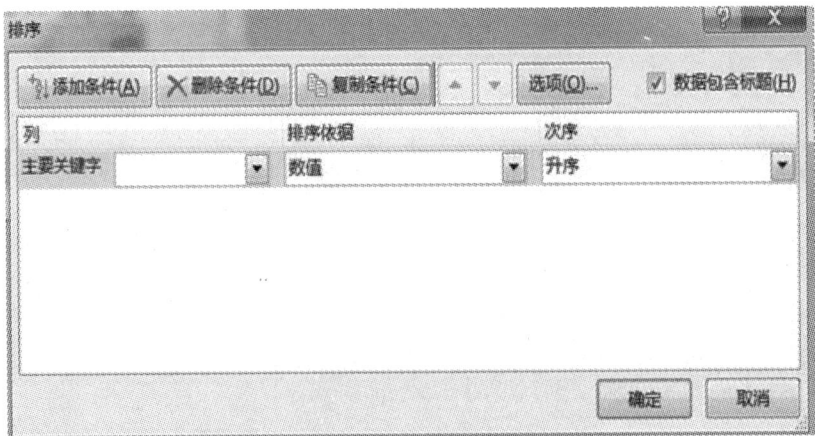

图4-69 Excel 2013排序对话框

考点2 数据的筛选

数据的筛选是指<u>利用"数据"菜单中的"筛选"命令对数据清单中的指定数据进行查找和其他工作</u>。

筛选后的数据清单<u>仅显示那些包含了某一特定值或符合一组条件的行，暂时隐藏其他行</u>。通过筛选工作表中的信息，用户可以快速查找数值。用户不但可以利用筛选功能控制需要显示的内容，而且还能够控制需要排除的内容。

1. 快速筛选

使用快速筛选的操作步骤为：

（1）在数据清单中选定任意单元格或需要筛选的列。

（2）执行"数据"菜单或功能区中的"筛选"命令，第一行的列标识单元格右下角出现向下的三角图标。Excel 2003 中，单击"数据"菜单后，进入"筛选"子菜单，选定"自动筛选"菜单命令（见图 4 - 70）；Excel 2013 中，依次单击"数据"功能区选项卡、"排序和筛选"组中的"筛选"命令按钮（见图 4 - 71）。

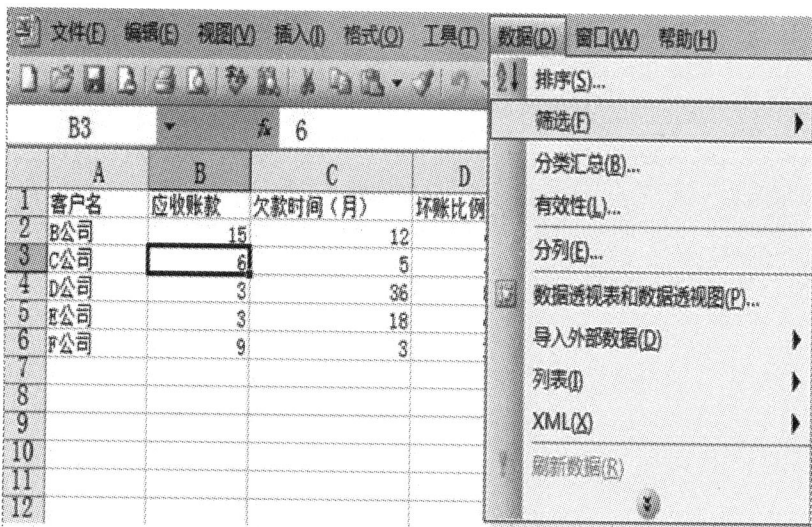

图 4 - 70　Excel 2003 快速筛选

图 4 - 71　Excel 2013 快速筛选

（3）单击适当列的第一行，在弹出的下拉列表中取消勾选"全选"，勾选筛选条件，单击"确定"按钮可筛选出满足条件的记录。

2. 高级筛选

使用高级筛选的操作步骤为：

（1）编辑条件区域。

（2）打开"高级筛选"对话框。Excel 2003 中，单击"数据"菜单后，进入"筛选"子菜单，选定"高级筛选"菜单命令；Excel 2013 中，依次单击"数据"功能选项卡、"排序和筛选"功能组中"高级"命令按钮。

（3）选定或输入"列表区域"和"条件区域"，单击"确定"按钮（见图 4-72）。

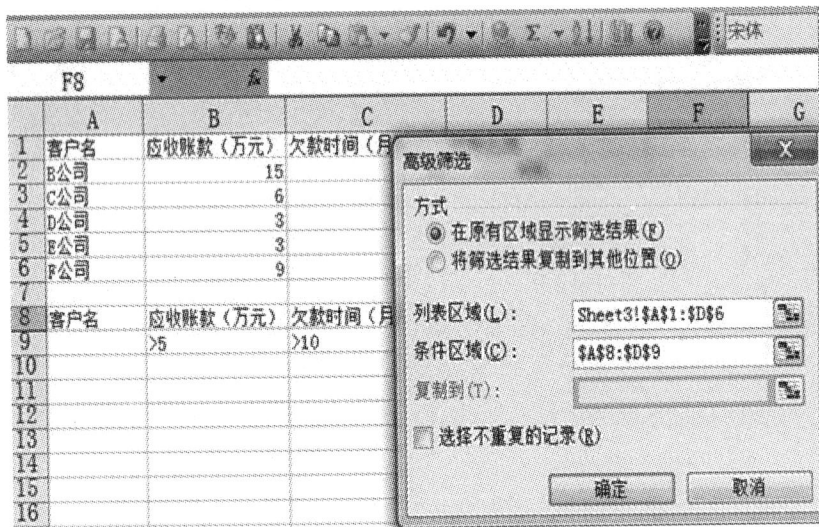

图 4-72　选定或输入"列表区域"和"条件区域"

3. 清除筛选

对经过筛选后的数据清单进行第二次筛选时，之前的筛选将被清除。

考点 3　数据的分类汇总

数据的分类汇总是指在数据清单中按照不同类别对数据进行汇总统计。分类汇总采用分级显示的方式显示数据，可以收缩或展开工作表的行数据或列数据，实现各种汇总统计。

1. 创建分类汇总

创建分类汇总的操作步骤为：

（1）确定数据分类依据的字段，将数据清单按照该字段排序。

（2）排序完成后，在数据菜单或功能区中打开"分类汇总"对话框。Excel 2003 中，单击"数据"按键，选定"分类汇总"菜单命令；Excel 2013 中，依次单击"数据"、"分级显示"功能组中的"分类汇总"命令按钮（见图 4-73）。

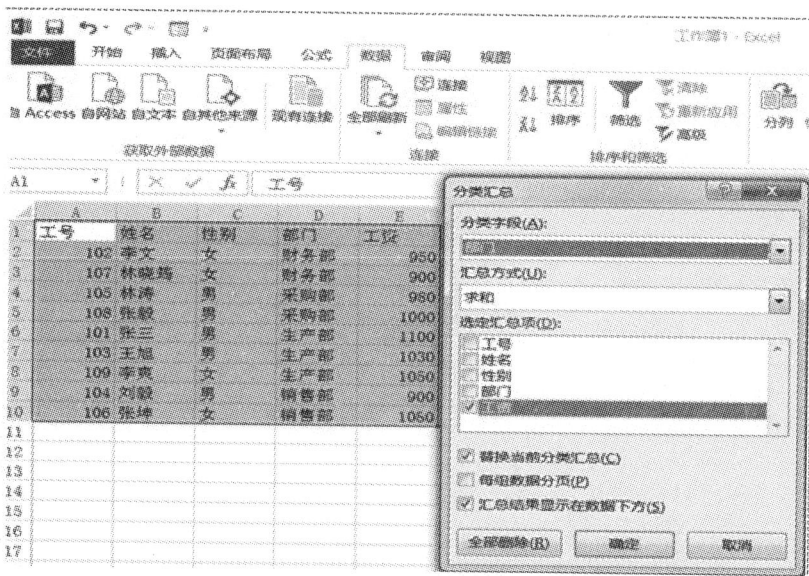

图 4 - 73 Excel 2013 打开"分类汇总"对话框

（3）在"分类字段"下拉列表中选择分类依据的字段名，设置采用的"汇总方式"和"选定汇总项"的内容，单击"确认"按钮后完成设置。

数据清单将以选定的"汇总方式"按照"分类字段"分类统计，将统计结果记录到选定的"选定汇总项"列下，同时可以通过单击级别序号实现分级查看汇总结果（见图4 - 74）。

图 4 - 74 分类汇总结果

2. 清除分类汇总

打开"分类汇总"对话框后，单击"全部删除"按钮即可取消分类汇总。

考点4 **数据透视表的插入**

数据透视表是根据特定数据源生成的,可以动态改变其版面布局的交互式汇总表格。数据透视表不仅能够按照改变后的版面布局自动重新计算数据,而且能够根据更改后的原始数据或数据源来刷新计算结果。

1. 数据透视表的创建

Excel 2003 中,创建数据透视表的操作步骤:

(1) 打开需要创建数据透视表的工作簿。如果需要通过 Excel 数据清单或数据库建立报表,可以选中数据清单或数据库中的任意单元格。

(2) 单击"数据"菜单中的"数据透视表和数据透视图…"命令项,接着按"数据透视表和数据透视图向导"提示进行相关操作(见图 4 - 75)。具体步骤如下:

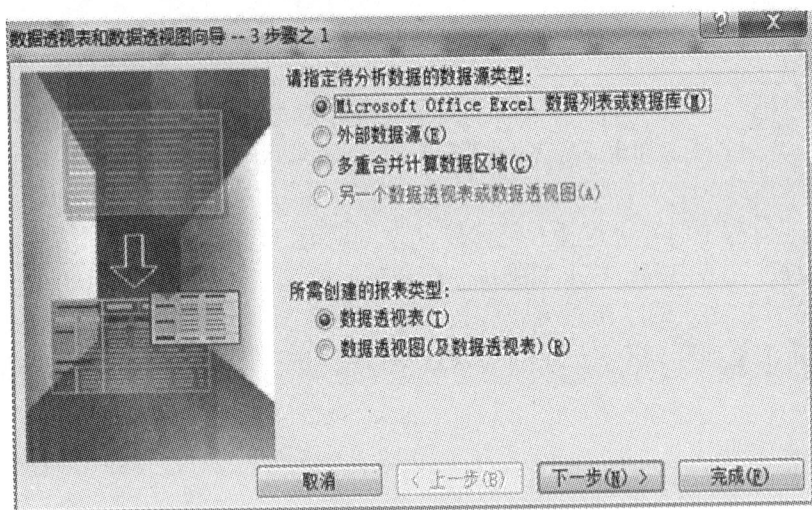

图 4 - 75 数据透视表和数据透视图向导

在弹出的"步骤之 1"对话框中的"请指定待分析数据的数据源类型"中选择"Microsoft Excel 数据列表或数据库"项;在"所需创建的报表类型"中选择"数据透视表"项,然后单击"下一步"按钮。

在弹出的"步骤之 2"对话框中核对系统自动定位到选中的区域是否正确,如果不正确或未选中,在对话框中输入数据源地址或者用鼠标点选数据源区域,单击"下一步"按钮(见图 4 - 76)。

在弹出的"步骤之 3"对话框中的"数据透视表显示位置"中选择"新建工作表",单击"完成"按钮(见图 4 - 77)。

(3) 将自动生成的"数据透视表字段列表"中的各字段和数据项拖至数据透视表布局框架中的适当位置,自动生成相应版面布局的报表。数据透视表的布局框架由页字段、行字段、列字段和数据项等要素构成,可以通过需要选择不同的页字段、行字段、列字段,设计出不同结构的数据透视表(见图 4 - 78)。

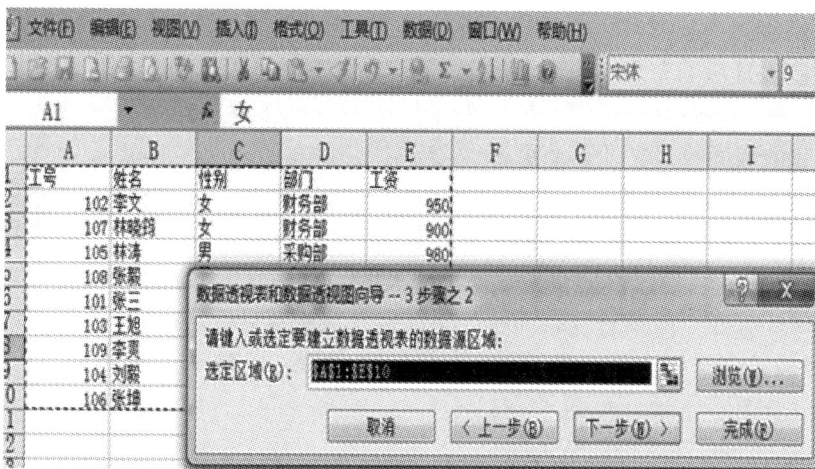

图4-76 核对系统自动定位到选中的区域是否正确

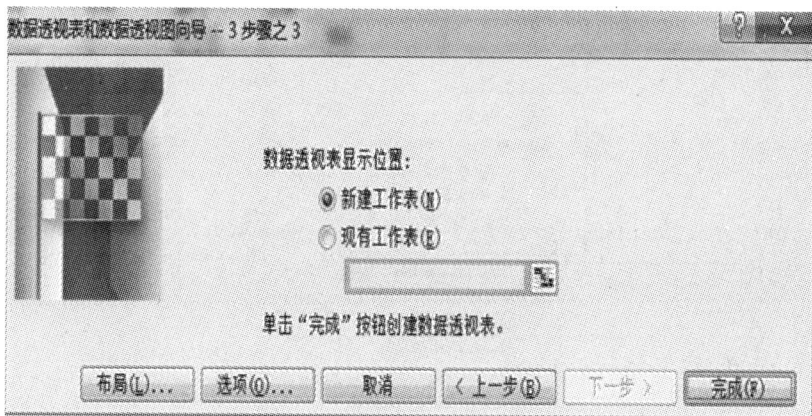

图4-77 数据透视表显示位置

图4-78 通过拖动各字段和数据项生成数据透视表

2. 数据透视表的设置

（1）重新设计版面布局。在数据透视表布局框架中选定已拖入的字段、数据项，将其拖出，将"数据透视表字段列表"中的字段和数据项重新拖至数据透视表框架中的适当位置，报表的版面布局立即自动更新。

（2）设置值的汇总依据。值的汇总依据有求和、计数、平均值、最大值、最小值、乘积、数值计数、标准偏差、总体偏差、方差和总体方差。

Excel 2003 中，可通过右键单击数据透视表的"计数项"单元格，选择"字段设置"（见图 4 -79），打开"数据透视表字段"对话框（见图 4 -80），选择"汇总依据"中的一种；Excel 2013 中，可以通过右键单击数据透视表的"计数项"单元格，在"值汇总依据"菜单中选定其中一种（见图 4 -81）。

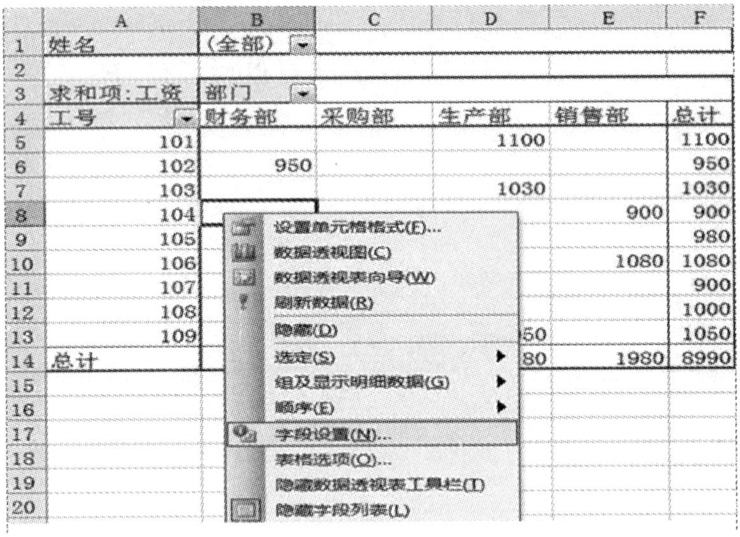

图 4 -79　Excel 2003 设置值汇总依据

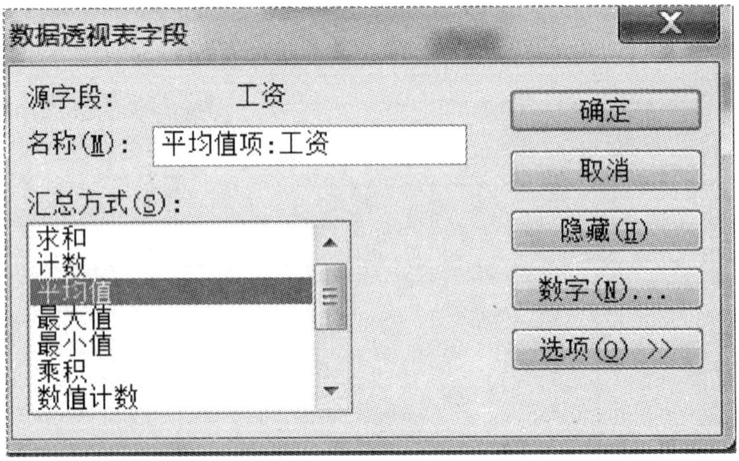

图 4 -80　Excel 2003 "数据透视表字段"对话框

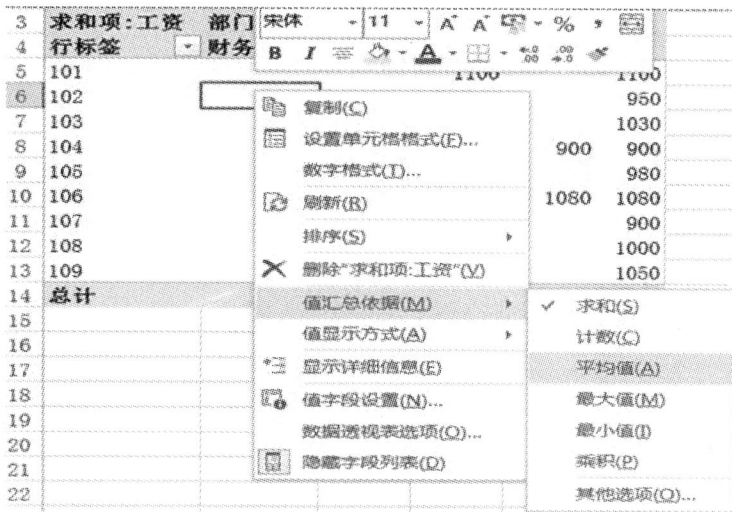

图 4－81　Excel 2013 设置值的汇总依据

（3）设置值的显示方式。值的显示方式有无计算、百分比、升序排列、降序排列等，Excel 2013 中，可通过右键单击数据透视表的"计数项"单元格，在"值显示方式"菜单中选定其中一种（见图 4－82）。

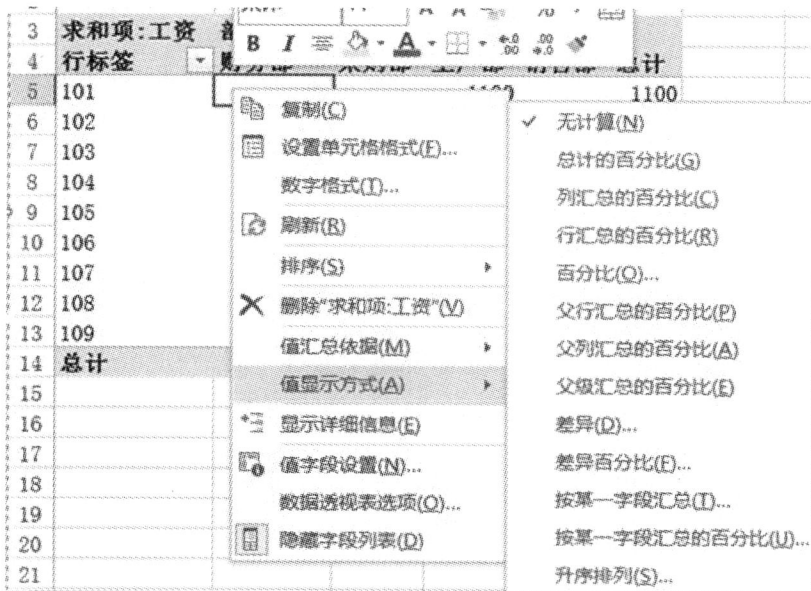

图 4－82　Excel 2013 设置值的显示方式

（4）进行数据的筛选。分别对报表的行和列进行数据的筛选，系统会根据条件自行筛选出符合条件的数据列表。

（5）设定报表样式。数据透视表中，既可通过单击"自动套用格式"（适用于 Excel

2003，单击"格式"菜单后进入）或"套用报表格式"（适用于 Excel 2013）按钮选用系统自带的各种报表样式，也可通过设置单元格格式的方法自定义报表样式。

3. 图表的插入

（1）Excel 2003 中，插入图表的操作步骤为：

1）打开 Excel 文件，框选需要生成图表的数据清单、列表或者数据透视表；选择"插入"菜单中的"图表"菜单（见图 4－83），并单击"下一步"按钮（见图 4－84）。

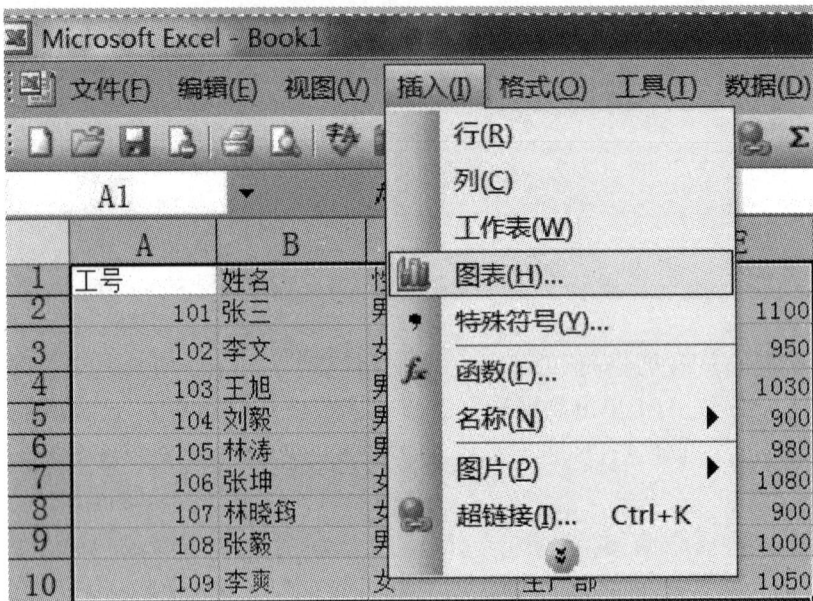

图 4－83　Excel 2003 选择"插入"菜单中的"图表"菜单

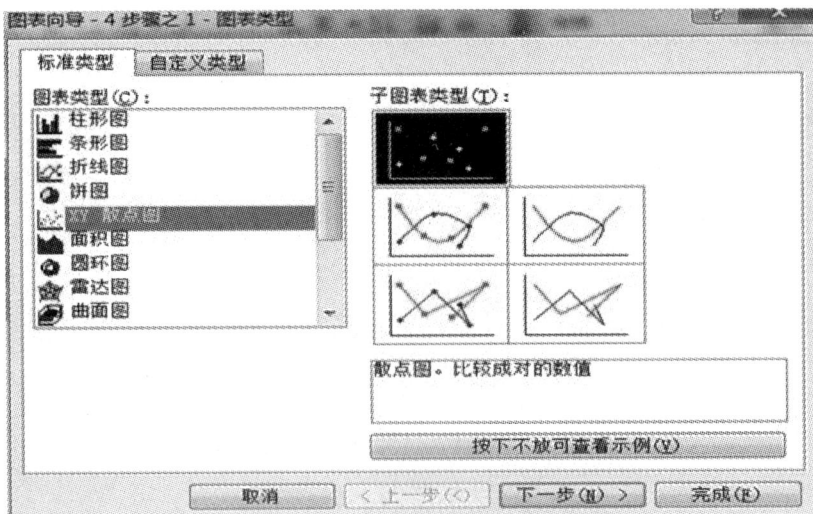

图 4－84　Excel 2003 图表向导

2）选择图表源数据，由于第一步已经选择，此处可直接单击"下一步"（见图4 - 85）。

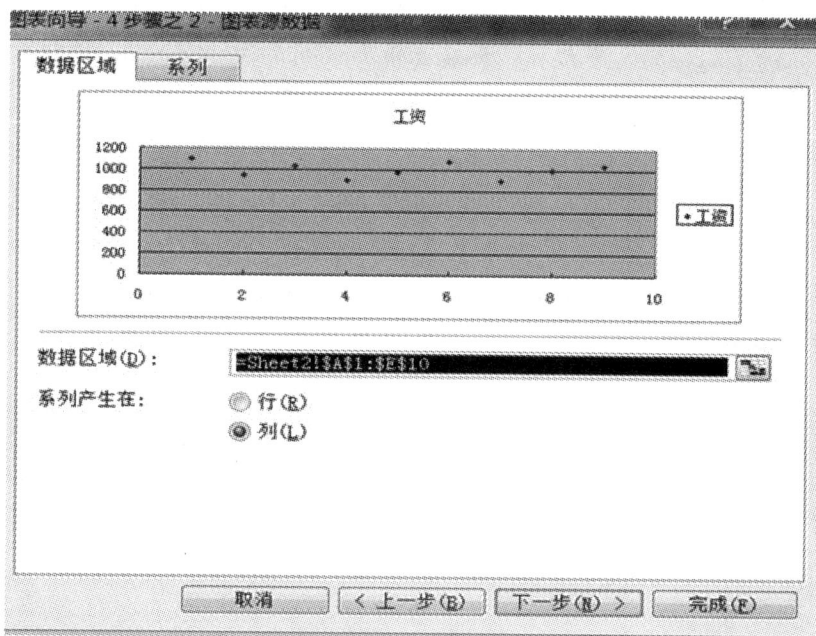

图4 - 85　Excel 2003 图表向导

3）输入图表标题和各轴所代表的数据含义（默认为没有）（见图4 - 86）。

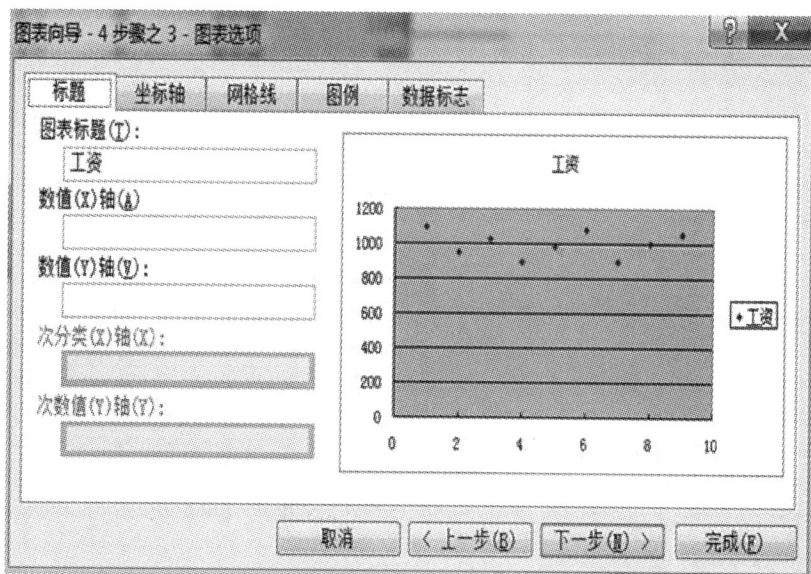

图4 - 86　Excel 输入图表标题和各轴所代表的数据的含义

4）给图表加上网格线（见图 4 -87）。

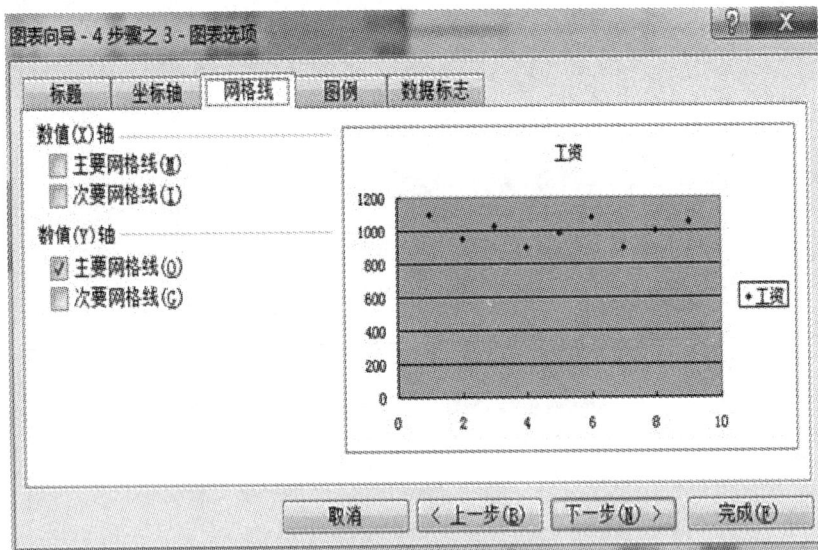

图 4 - 87　Excel 2003 给图表加上网格线

5）选择图例所在的位置（默认为靠右），设置完成后，点击"下一步"（见图 4 - 88）。

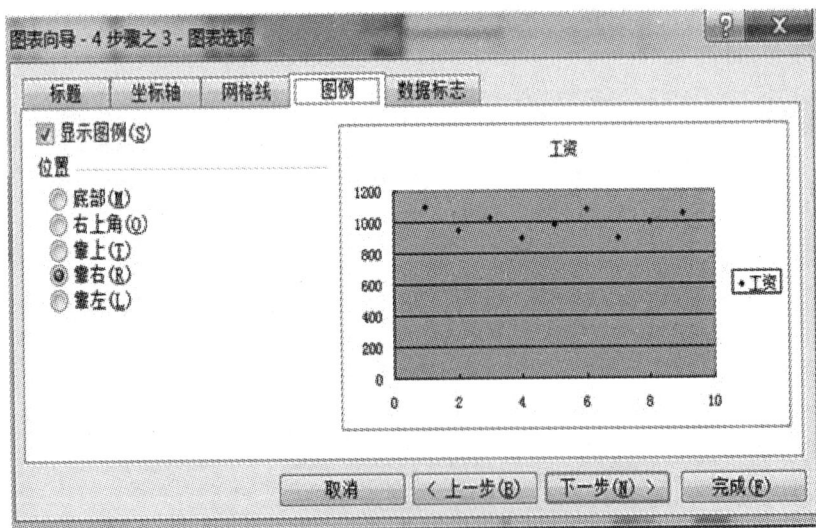

图 4 - 88　Excel 2003 选择图例所在的位置

6）选择插入的位置，默认为当前的页（见图 4 - 89）。

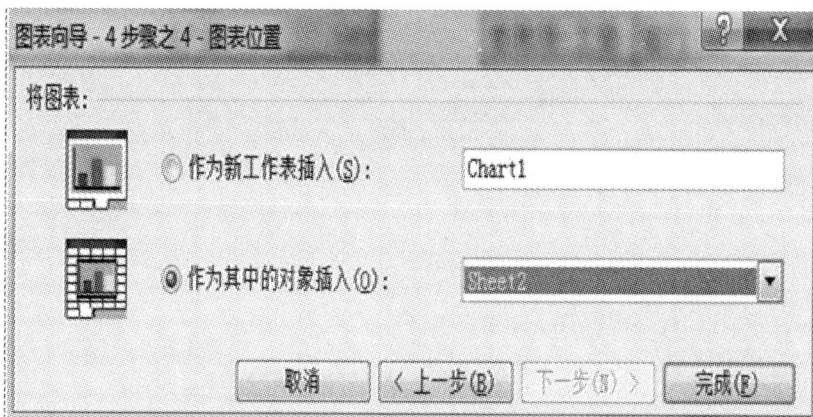

图 4 – 89　Excel 2003 选择图表插入的位置

7）根据工作需要调整图表的大小，将图表拖动到 Excel 中合适的位置（见图 4 – 90）。

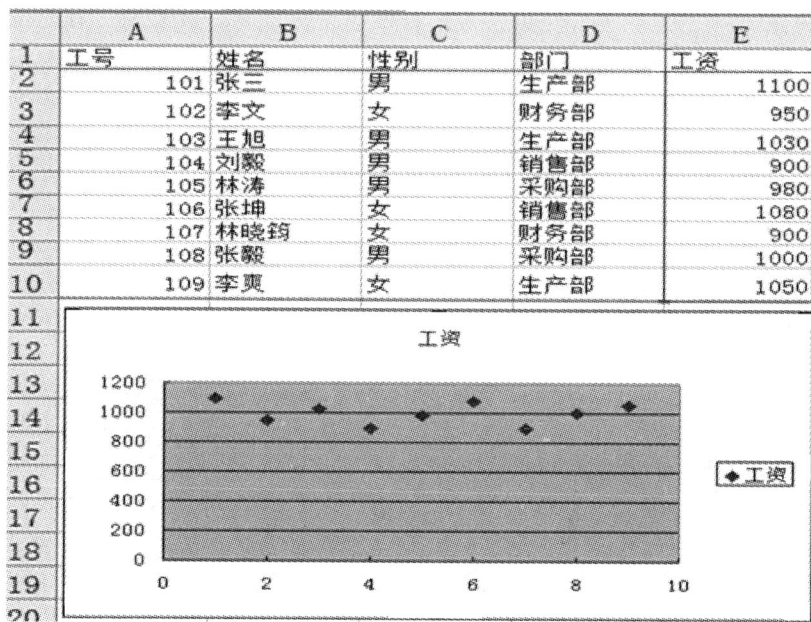

图 4 – 90　Excel 2003 插入图表结果

8）保存 Excel 文件。

（2）Excel 2013 中，插入图表的操作步骤为：

1）打开 Excel 文件，框选需要生成图表的数据清单、列表或者数据透视表。

2）选择"插入"选项卡上"图表"组中的图表类型（见图 4 – 91）。

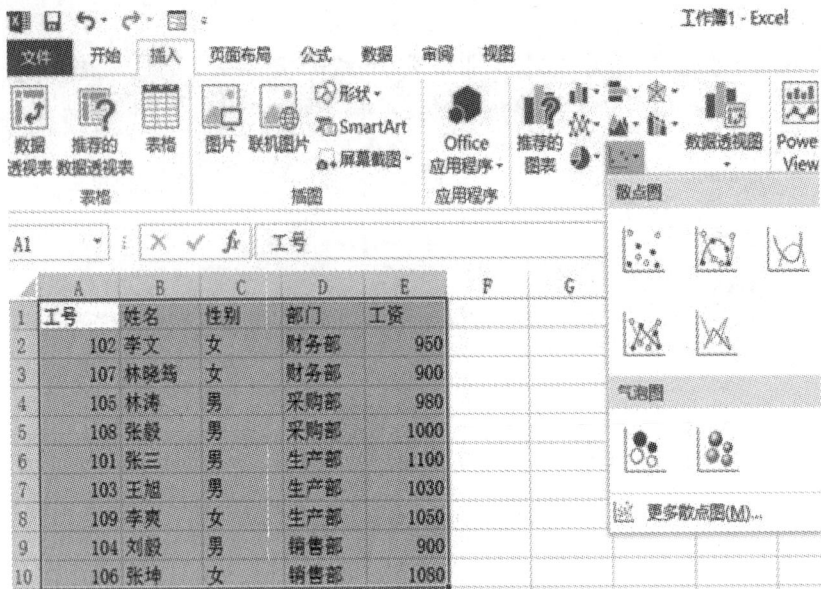

图 4 – 91 Excel 2013 "插入"选项卡上的"图表"组

3）Excel 界面上出现一个空白框，双击该空白框，打开"选择数据源"对话框（见图 4 – 92）。

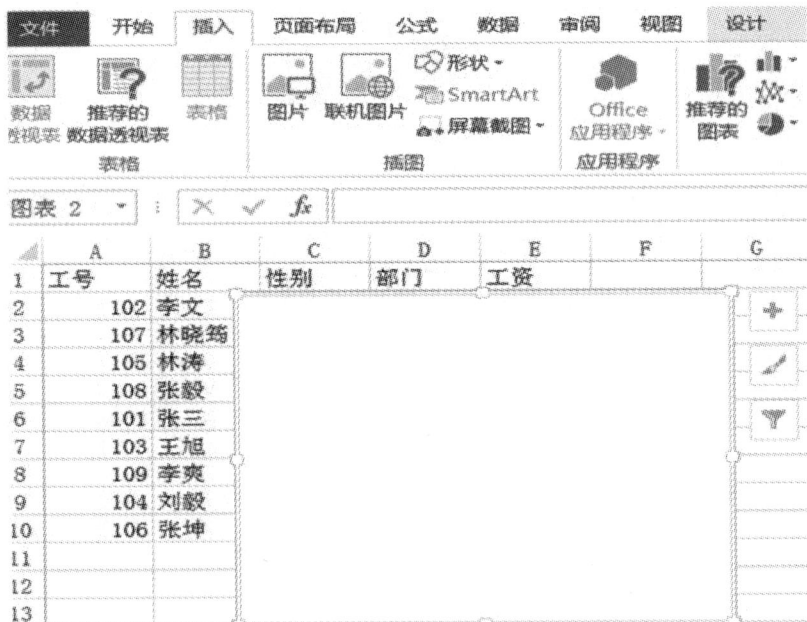

图 4 – 92 图表空白框

4）选择图表源数据，由于第一步已经选择，可直接单击"确定"。

5）给图表加上网格线。

6）根据需要调整图表的大小，并将图表拖动到 Excel 适当位置（见图 4-93）。

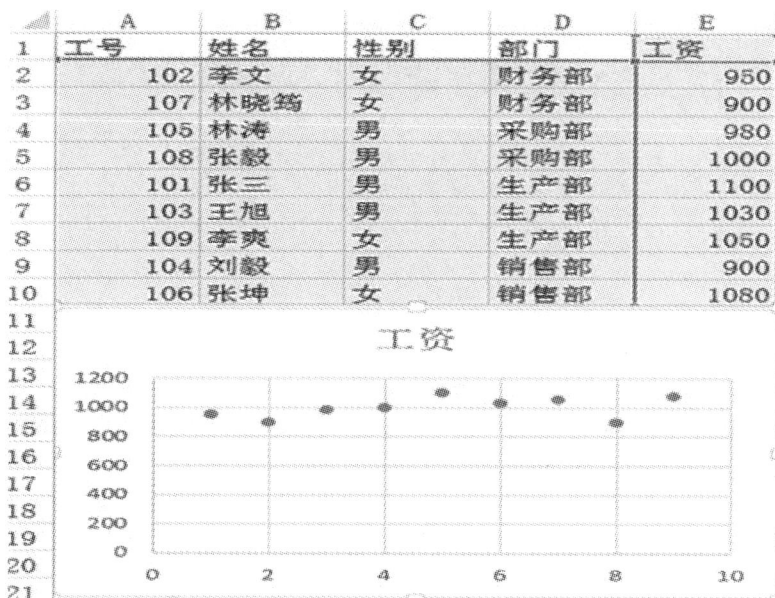

图 4-93 Excel 2013 插入图表结果

7）保存 Excel。

典型例题

【例题 1·判断题】数据清单又称数据记录单，是快速添加、查找、修改或删除数据清单中相关记录的对话框。（　　）

【答案】×

【解析】数据清单是一种包含一行列标题或多行数据且每行同列数据的类型和格式完全相同的 Excel 工作表；记录单又称数据记录单，是快速添加、查找、修改或删除数据清单中相关记录的对话框。

【例题 2·多选题】如果记录单中某个字段不能修改，有关原因下列说法不正确的有（　　）。

A. 该字段中的内容是一个公式　　　　　　B. 该字段中的内容的格式不对

C. 该字段中的内容是错误的　　　　　　　D. 该字段中的单元格设置为隐藏

【答案】BCD

【解析】在记录单中修改记录，可先找到该记录，然后直接在文本框中修改，当字段内容为公式时不可修改和输入。

【例题 3·单选题】在 Excel 中，排序对话框中的"升序"和"降序"指的是（　　）。

A. 单元格的数目　　　B. 数据的值域　　　C. 数据的大小　　　D. 排列次序

【答案】D

【**解析**】在 Excel 中，排序对话框中的"升序"和"降序"指的是排列次序。

【**例题 4 · 单选题**】在 Excel 中，进行自动分类汇总之前，要对数据清单进行（ ）。

A. 有效计算   B. 排序   C. 筛选   D. 建立数据库

【**答案**】B

【**解析**】在 Excel 中，进行自动分类汇总之前，要对数据清单进行排序。